纺织服装教育"十四五"部委级规划教材
广西壮族自治区"十四五"职业教育规划教材
职业教育新形态教材

总主编：黄煜欣 李娜 秦海宁

服装营销实务

FUZHUANG YINGXIAO SHIWU

主编：兰伟华 宁方方

东华大学出版社·上海

内容简介

随着科技的发展，在互联网和物联网的支持下，服装线上和线下销售也不再是泾渭分明的两个领域，两者的结合发展，才能催生出更大的市场经济体量。

本书结合服装线上和线下销售工作岗位需求和职业技能要求，为读者介绍了"服装实体店营销""服装短视频营销""服装直播营销"三大工作领域及 23 个典型工作任务的解决方案。本书可作为服装院校市场营销学课程的配套教材，更适合作为服装企业管理人员、个人自媒体的参考书。

图书在版编目（CIP）数据

服装营销实务 / 兰伟华, 宁方方主编. -- 上海：

东华大学出版社, 2024.1

ISBN 978-7-5669-2313-4

Ⅰ.①服… Ⅱ.①兰… ②宁… Ⅲ.①服装－市场营销学－教材 Ⅳ.①F768.3

中国国家版本馆CIP数据核字(2024)第007540号

责任编辑：杜亚玲
封面设计：上海程远文化传播有限公司

服 装 营 销 实 务
FUZHUANG YINGXIAO SHIWU

总 主 编：黄煜欣　李　娜　秦海宁
主　　编：兰伟华　宁方方
出　　版：东华大学出版社
（上海延安西路 1882 号　邮编编码：200051）
本社网址：http://www.dhupress.dhu.edu.cn
天猫旗舰店：http://dhdx.tmall.com
营销中心：021-62193056　62373056　62379558
印　　刷：上海颛辉印刷厂有限公司
开　　本：889mm×1194mm　1/16
印　　张：14
字　　数：492 千字
版　　次：2024 年 1 月第 1 版
印　　次：2024 年 1 月第 1 次印刷
书　　号：ISBN 978-7-5669-2313-4
定　　价：78.00 元

总　序

2020 年 2 月，柳州市第二职业技术学校服装设计与工艺专业群被广西区教育厅确定为"广西中等职业学校品牌专业群"。打造品牌专业群旨在鼓励职业学校依托优势特色专业，有效激发学校办学活力，为学校改革发展提供内生动力。

为进一步深化职业教育教学改革，全面提高人才培养质量，奋力开创高质量发展新局面，我校深化改革教学模式，创新教育内容，以专业群对接产业链，使得人才培养与产业需求精准对接。学校加强校企合作，产教融合建立了由行业、企业、学校以及相关的能工巧匠共同参与的教材编写指导委员会，邀请了柳州市工艺美术协会、广州沐辰学院、厦门康莱德酒店、柳州市红裳服饰有限公司等企业共同制定课程标准，参与教材建设，共同开发教材。此次出版的广西中等职业学校品牌专业群建设项目成果系列教材分别是《构成基础》、《世界民族饮品文化——咖啡制作篇》和《服装营销实务》。该系列教材以纸质教材为核心、以互联网为载体、以信息技术为手段，充分融合纸质教材和数字化资源，并通过微课、慕课、教学视频、电子教案、课件、试题库等多元形式呈现。其在开发理念上，由技能向注重素养转变；在教材开发内容上，突出了新形态下的一体化；在开发技术上，实现了智能化、信息化。本套系列教材丰富了教师的教学资源，拓展了学生的学习途径。

在广西区教育厅和各界人士的关怀下，本套教材得以顺利编写、出版。同时，本套教材凝聚了柳州市第二职业学校各位领导、各位教师和有关企业行业专家，特别是广大编写人员的心血和汗水，东华大学出版社对本套教材的出版给予了热情惠助，在此谨向他们表示诚挚的谢意。

本套系列教材是对广西中等职业学校品牌专业群在新形态教材建设方面的探索与尝试，不足之处敬请广大专家、读者斧正。

黄煜欣

2023 年 6 月

前　言

　　本书应用了职业教育"新型活页式教材"建设理念，紧贴服装产业的新趋势和新发展，以新媒体为代表的新技术和新应用为基础，融合企业实践和职业标准，是一本以职业岗位能力为导向的教材。本书基于"工作任务——职业能力"组织设计教材体例结构，全书涵盖了"服装实体店营销""服装短视频营销""服装直播营销"三大工作领域及23个典型工作任务，包括了服装线上线下新营销工作岗位所需具备的职业技能，构建了以学生为主体的教学，为学生创设了真实或模拟的工作情景。通过任务导入、学习目标和任务实施、知识学习等环节，使学生掌握工作岗位的知识、提高综合职业能力。学生通过完成学习笔记、知识题库等训练，提高工作中解决实际问题的能力。"教、学、做"环节清晰、链接合理。满足了服装终端销售人员和自媒体销售的岗位需求和职业技能要求。

　　本书得到了合作企业的大力支持。书中企业案例、拍摄素材、图片、场景以及数据来源均取自本土民族服装知名品牌——柳州红裳服饰有限公司。本书民族特色鲜明，是校企合作、产教融合的结晶。在此，编者向所有参与编写的同仁们以及合作企业致以崇高的敬意！在编写本书的过程中，我们有选择地参考了一些已有的著述成果，并引用了一些图文资料，在此向原作者深表感谢！

　　由于学识与经验有限，教材内容难免有疏漏与不足，恳请读者批评指正，并不吝赐教。

编　者

2023 年 6 月

总主编

　　黄煜欣　李　娜　秦海宁

主　编

　　兰伟华　宁方方

副主编

　　李海辉　秦怡婷　伍依安

参　编

　　周秀妹　秦菊梅　苏月玲　王　慧　蔡凌燕　赵　玲　常艳嫦　林桂文

　　覃丽霞　覃筱芸　钟雪勤　卢柳梅　兰　岚　韩　晶　刘亚琪　覃雪清（企业）

　　贾　旭　谢景英

目　录

工作领域一：服装实体店营销

任务 1.1 卖场形象管理

【思维导图】

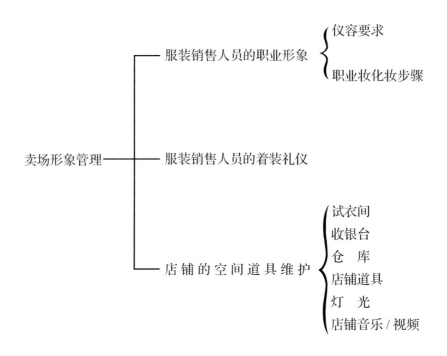

在每日开店前，经理和服装销售人员都要先确认自身的职业形象及店铺的空间道具维护执行是否规范。请服装营销人员根据专卖店开店前的具体要求，掌握对职业形象以及店铺空间道具维护的相关内容。

【学习目标】

（一）知识目标

了解服装销售人员职业形象以及着装礼仪的相关内容，并能掌握店铺空间道具的维护操作。

（二）技能目标

能掌握职业妆的化妆技巧以及熟悉店铺空间道具的维护。

（三）素质目标

通过塑造卖场形象的学习，培养积极自信、敬业爱岗的职业素质和规范操作的工作素养。

【知识学习】

服装销售人员的仪容是其职业形象的重要组成部分之一，直接影响着消费者对品牌和产品的印象和态度。专业的形象可以有效地营造一种差异化的销售氛围，增加产品的说服力，是公司形象和产品形象的具体体现。

一、服装销售人员的职业形象

服装销售人员的职业形象是企业形象的重要组成部分，得体、专业的职业形象不仅可以提升企业形象和品牌形象，还可以增加顾客的满意度和忠诚度，建立职业信任，从而为企业带来更多的商业价值。

（一）仪容要求

仪容是指一个人的外表形象和仪态表现，主要包括衣着、发型、皮肤、化妆、姿势和眼神等方面。营销人员的仪容需要注意以下几点：

① 发型整洁：服装销售人员的发型要整洁干净，不要选择杂乱无章感的发型，也不要有乱发。最好选择简单、干净利落的发型，如果是长发，可以将头发扎起来或盘起来，以免影响工作。

② 面部肌肤清洁：服装销售人员的肌肤应该清洁，没有油光或污垢。可以使用适当的洁面产品来清洁皮肤，特别是在炎热的夏季，需要注意防晒和保湿。

③ 妆容自然：服装销售人员的妆容应该自然、简洁，不要太浓或过于夸张。可以选择淡妆或者素颜，避免涂抹过多的化妆品，这会影响消费者对产品的真实感受。

④ 姿态优美：服装销售人员在工作时需要保持优美的姿态，不要瘫坐或驼背，应该注意身体的直立和自然的姿态，以展现自信和专业。

⑤ 身体清洁：服装销售人员的身体也需要保持清洁，不要有异味或污垢，要定时更换衣服，注意保持个人卫生。

（二）职业妆化妆步骤

服装销售人员的职业妆需要遵循简洁、自然的原则，以突出职业形象。在化职业妆之前需要准备好以下化妆工具（图 1.1-1）：化妆刷具（包括粉底刷、遮瑕刷、眼影刷、眼线刷、睫毛刷、唇刷、眉刷等）、化妆海绵、化妆棉、化妆镜。此外，还有一些其他的辅助工具，如眉剪、睫毛夹等，应根据个人的需要选择使用。

图 1.1-1　职业妆的化妆工具

职业妆的化法可以根据个人的喜好和场合的要求有所不同，但通常包括以下步骤（扫描图 1.1-2 的二维码可观看职业妆的化妆视频）：

图 1.1-2　职业妆的化妆视频

在化妆前，按照日常洗脸的方法用洗面奶等清洁产品清洁自己的面部，对皮肤进行清洁。涂护肤品：面部清洁完后，依次在脸上涂擦上爽肤水、乳霜等护肤品。

①打底妆：使用质地清爽、颜色自然的粉底液打底妆。用海绵蛋将粉底液均匀地在脸上铺开，额头中间、鼻子周围等地带不需要使用太多的粉底液，用海绵蛋的余粉轻微带过即可，达到清透明亮、颜色涂抹均匀、无明显瑕疵的效果。粉底颜色适合自己。

②定妆：面部打底工作完成后，将控油的散粉用大刷子大面积地刷在 T 字部位，然后再刷过两颊，进行定妆。

③涂眼影：准备两把中等大小的眼影刷。职业妆眼影的颜色要选择接近皮肤颜色的。先蘸取浅咖色系的眼影涂抹在眼皮上，将眼影晕染均匀；再用另一把眼影刷取深咖色眼影在睫毛根部进行加深，以便让眼睛显得更加深邃立体；最后蘸取亮色眼影，在眼皮中心进行小范围点涂，达到提亮效果。

④画眉：选择颜色与自身发色相近的眉笔进行画眉。从眉头开始，顺着自己的眉形，自然地向后描绘，用眉刷把余粉刷均匀，达到"眉峰高，眉尾细，眉头淡"的效果，颜色要有深浅变化。

⑤涂腮红：对着镜子微笑，用化妆刷在笑肌部位打上粉色腮红，晕染均匀，让整体的底妆不失光泽，使人看起来气色好。

⑥刷睫毛膏：拿出睫毛夹，将睫毛的尾部夹出卷翘感；选用纤长自然的睫毛膏刷睫毛，使用之前需要将多余的睫毛刮留于瓶口，顺着睫毛根部从下往上进行"Z"形刷涂，让眼睛看起来更加有神。

⑦涂口红：要选择颜色自然的口红，比如豆沙色、淡粉色，用唇刷蘸取适量口红，均匀擦拭在上下双唇，完成整体妆容。唇部要涂得饱满，以便显得人的气色好。

⑧定妆：最后使用定妆喷雾或定妆粉定妆，以增加妆容的持久度和防脱妆。

二、服装销售人员的着装礼仪

服装销售人员作为企业形象的代表，需要注意自身的着装礼仪，打造出整体形象的专业感和亲和力，以树立良好的形象，吸引客户和提高销售业绩。一般而言，服装销售人员的着装要求包括以下几个方面：

①着装整洁：服装销售人员需要穿着整洁、干净的服装，避免出现污渍、起毛、破损等情况。同时，需要保持衣物的平整、无皱褶，增加整体形象的优美度。

②符合场合：服装销售人员需要根据工作场合和服务对象的特点，选择合适的着装风格。一般而言，商场的服装销售人员需要穿着正式、得体的服装，而大型超市的服装销售人员可以选择更加休闲的着装。

③配饰搭配：服装销售人员需要根据自身的着装风格和工作需要，选择适当的配饰，如领带、项链、耳环、手表等，以增加整体形象的时尚感和品位。

④妆容得当：服装销售人员的妆容需要得当，不宜过浓或过淡，以展现自己的职业风范和亲和力。同时，需要注意保持面部清洁、肌肤健康和指甲修剪得当等方面的细节。

⑤鞋子整洁：服装销售人员需要穿着干净、整洁的鞋子，避免出现磨损、破损或脏污等情况。鞋子的款式应当符合职业规范和服装风格，同时也要注意鞋跟的高度和舒适度等方面的问题。

总之，服装销售人员的着装要求是多方面的，需要细致地把握每一个细节。

三、空间道具维护

（一）试衣间

试衣间是顾客试穿衣服的地方，所以试衣间一定要整洁卫生，凳子、拖鞋、衣帽钩齐全（图 1.1-3）。

试衣间每天至少要做三次卫生，清洁时间是早上开店前、中午、晚上打烊后，并随时对试衣间内遗留的服装进行整理，以保证试衣间的整齐和清洁。

（二）收银台

收银台是较容易出现脏乱情况的地方，所以一定要注意不能乱放杂物，要保持整洁。电脑、POS 机、票据等，按要求摆放，并在开店前确定能正常使用（图 1.1-4）。

收银台除收银外还兼顾为顾客及卖场解决各种应急问题，因此需要确认卖场常用工具及用品是否备齐，一般常用工具及用品有订书针、螺丝刀（一字、十字）、螺丝钉、卷尺、美工刀、剪刀、双面胶、塑料扎带等。

收银台的背景是店堂里的一个焦点，如果有挂画，一定要粘贴平整，保持清洁、无缺损，不可在上面粘贴其他东西。

（三）仓库

仓库是用来存储衣服等货物的空间，仓库需要确保干净、卫生，否则货物的卫生无法保证（图 1.1-5）。

仓库内除了要注意卫生外，还应做好货架维护，注意不要把双面胶、胶带等往货架上乱贴，应经常检查有螺丝连接的部位有无松动，有无配件损坏，若发现这样的情况，需要及时更换。

图 1.1-3 试衣间

图 1.1-4 收银台

（四）店铺道具

① 正挂及侧挂陈列辅助道具常见的有上衣架（图 1.1-6）、裤夹（图 1.1-7）、连接带（图 1.1-8）、挂通（图 1.1-9）等。

② 叠装陈列辅助道具常见的有叠装展板（图 1.1-10）、叠装展桌（图 1.1-11）、叠装流水台（图 1.1-12）等。

③ 橱窗陈列辅助道具常见的有中岛台（图 1.1-13）、饰品架（图 1.1-14）、头模（图 1.1-15）、手模（图 1.1-16）、鞋托（图 1.1-17）、包架（图 1.1-18）、帽撑（图 1.1-19）等。

④ 模特陈列辅助道具常见的有整身模特（图 1.1-20）、半身模特（图 1.1-21）及人台（图 1.1-22）。

陈列道具在使用时应注意的使用规范：

① 正挂及侧挂陈列辅助道具在使用前一定要检查是否有破损，如有破损应及时更换。

② 连接带使用时要避免外露，应藏于衣内。

③ 在选择衣架挂衣时应分清衣架的类型，一般较窄的为普通衣架，较宽的为西装衣架，挂衣时衣架上的 LOGO 应朝向统一。

④ 展台是卖场的焦点，所以一定要保持整洁。

⑤ 选择头模或手模时要注意颜色和材质是否与店铺内模特的颜色和材质一致，以确保店铺内色调风格的和谐统一。

（五）灯光

灯光是能够使店铺生动起来的重要装置，灯光照明会让顾客感受到品牌的格调及定位。在店铺里，灯

图 1.1-5　仓库

图 1.1-6　上衣架

图 1.1-7　裤夹

图 1.1-8　连接带

图 1.1-9　挂通

图 1.1-10　叠装展板

图 1.1-11　叠装展桌

图 1.1-12　叠装流水台

图 1.1-13　中岛台

图 1.1-14　饰品架

图 1.1-15　头模

图 1.1-16　手模

图 1.1-17　鞋托

图 1.1-18　包架

图 1.1-19　帽撑

图 1.1-20　整身模特

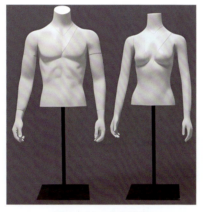

图 1.1-21　半身模特

图 1.1-22　人台

图 1.1-23　简约商业照明

图 1.1-24　中档商业照明

图 1.1-25　高档商业照明

光照明的地位十分重要。另外，店铺空间功能完备、空间氛围浓郁、环境特色明显、场所性质明确等，也需要灯光的烘托。在店铺灯光的选择及维护时，需要明确以下内容：

①灯光选择。简约商业照明（图 1.1-23）适用于超市、零售店等，这些场合只需要简单的高照度水平照明。中档商业照明（图 1.1-24）适用于综合商店等，这类场所需要的则是环境照明及作业照明的水平；高档商业照明（图 1.1-25）适用于时装专卖店、珠宝店等，店内一般环境光照度低，会大量使用重点照明提升货品质感。

② 灯光维护。需针对不同灯具的安装方式进行维护，在店铺陈列者确认灯具不亮或出现问题时，应通知相关部门维修。

③ 灯光照明。在顾客挑选商品时，要保证店铺里有足够的照明以突出商品；要通过灯光照明引导顾客浏览的视觉动线，将商品以最佳方式呈现给顾客。

（六）店铺音乐/视频

店铺通常会通过播放音乐/视频来调节卖场的氛围。而音乐/视频的选择播放不但会影响销售员的工作情绪，还能影响卖场氛围，也让顾客对品牌的认识和购买情绪受到影响，进而影响店铺的销售。因此，背景音乐的效果不容忽视。店铺音乐/视频类型的选择及音量的大小都是要注意的重点。

① 店铺音乐/视频类型的选择

一般情况下，上午以轻快的音乐为主，可给人轻松愉快的感觉；中午用热烈一些、节奏感强一些的音乐，给人以振奋的感觉；下午三点钟后应用抒情一些的音乐，可给人放松的感觉；晚上七点钟后可用节奏感强的音乐，因为人们一天中比较兴奋的阶段是晚上。

② 店铺音乐/视频音量的大小

店堂音乐视频音量大小的标准是一个人在店堂内其他人正常说话，在其周围 1.5 米左右能够听清楚，若听不清，即音量过大。

③ 注意音乐/视频使用的版权问题

根据相关法规，酒店、商场、连锁店、超市等都要支付背景音乐使用费用，使用时要注意版权问题。营业面积在 7 000 ~ 12 000 平方米的商场，单店每年需要交两三万元。

本章节的任务实施、任务评价、知识题库内容扫描二维码在线阅读、练习

任务 1.2　服装店铺陈列

【思维导图】

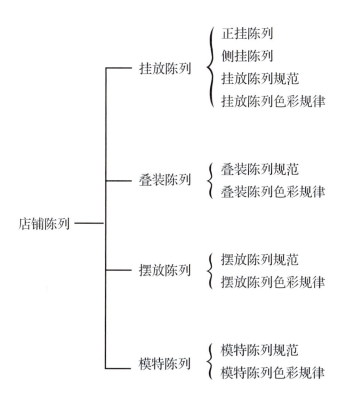

店铺陈列
- 挂放陈列
  - 正挂陈列
  - 侧挂陈列
  - 挂放陈列规范
  - 挂放陈列色彩规律
- 叠装陈列
  - 叠装陈列规范
  - 叠装陈列色彩规律
- 摆放陈列
  - 摆放陈列规范
  - 摆放陈列色彩规律
- 模特陈列
  - 模特陈列规范
  - 模特陈列色彩规律

【任务导入】

请根据服饰品牌店的定位和风格，掌握店铺陈列规范并完成挂放陈列、叠装陈列、摆放陈列、模特陈列等操作。

（一）知识目标

了解店铺陈列的类型、陈列规范、色彩规律以及辅助道具的应用；掌握挂放陈列、叠装陈列、摆放陈列、模特陈列的操作技巧。

（二）技能目标

能识别店铺陈列类别，并熟悉挂放陈列、叠装陈列、摆放陈列、模特陈列的实操。

（三）素质目标

培养敬业爱岗的职业素养以及民族文化的认同感。

【知识学习】

店铺陈列：常用于新开店铺的陈列规划和新货到店后的布置。美观、科学的店铺陈列能吸引消费者的目光，促进产品的销售。店铺陈列形式包括挂放陈列、叠装陈列、摆放陈列、模特陈列。

一、挂放陈列

（一）正挂陈列

正挂陈列体现的是服装正面的款式效果，能充分展示服装的款式。正挂陈列适用于一些设计感比较强、价值感比较高的服装款式，以强调货品的设计特点。正挂陈列具有较好的视觉吸引力，仅次于店内的模特展示。正挂陈列是卖场中最不占空间的正面展示服装的方式，主要用于新品的悬挂展示及连带商品的展示（图 1.2-1）。

正挂陈列的特点：能进行上、下装及配件的搭配展示，强调商品的款式风格及卖点，吸引顾客购买。

（二）侧挂陈列

侧挂陈列体现的是服装侧面的款式效果。侧挂陈列适用于服装款式较多且色彩种类多样时，能带来整齐、干净、高雅的视觉效果。侧挂陈列因占地面积小且展示商品多，可同时展示当季商品的多件服装款式，因而是服装卖场使用频率最高的陈列方式（图 1.2-2）。

侧挂陈列多利用服装货品的颜色及花色等元素形成色块，在挂杆内通过色块的不同组合方式和技巧来展示货品的多样性，增加视觉吸引力，使卖场整体风格突出，从而达到卖场对顾客的有效引导。

1. 常见的侧挂手法

① 间隔法：在主打色系中，合理运用色彩关系进行辅色系和无彩色的穿插，起到色彩调和的作用。间隔法的特点是能形成相对面积色块的节奏平衡，使整体系列感增强，整齐和谐（图 1.2-3）。

图 1.2-1　正挂陈列

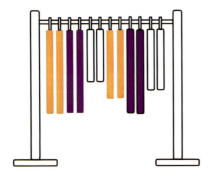

图 1.2-3　间隔法

图 1.2-2　侧挂陈列

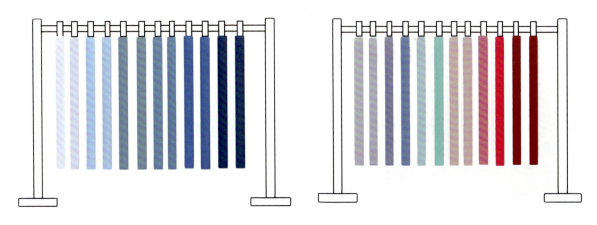

图 1.2-4　渐变法

② 渐变法：在 1 ~ 2 个陈列面中运用同一色相或从 1 个色相有层次有阶段地逐渐增加或减少色彩纯度到相邻的另一个色相的变化陈列。渐变法的特点是通过循序渐进的叠加式变化，吸引人的视线不断往前探索，这种陈列方式富有很强的层次感（图 1.2-4）。

2. 侧挂陈列的作用

① 体现组合搭配，方便顾客进行类比。

② 便于整理，取放方便。

③ 保型性较好。

④ 突出品牌风格。

（三）挂放陈列的规范

在挂放陈列时，首先要注意的是服装的主题风格应该保持统一，再者，挂放款式陈列要采取对称的形式，保证上下装、薄厚装的平衡展示，以及出样衣物的衣架朝向合理一致。秋冬季外套挂放陈列要注意以套装的形式展示。

1. 正挂陈列规范

① 避免单一挂放展示滞销货品，可适当搭配陪衬品以增加趣味性和卖点联想，并展示出搭配的格调。

② 将过季产品设立独立区域，并配置明确的标志。

③ 对于套头式罗纹领针织服装，衣架应从下口进入，避免领口被拉伸变形。

④ 第一件商品通常用于搭配陈列，以突出商品的风格，吸引顾客购买。如果在同一挂杆上展示多款商品，应先挂短款式，后挂长款式。

⑤ 在上下装组合搭配陈列时，上下装的套接位置应当准确。例如，在两排正挂中，通常将上衣挂在上排，下装挂在下排（图 1.2-5）。

⑥ 衣架的挂钩应遵循问号原则，即顾客主动站在衣架前时，衣钩的缺口向内、向左（图 1.2-6）。

⑦ 商品的挂牌应放置于衣物内部，不可外露。

⑧ 服装的排列顺序应从前到后，使用 3 件或 6 件进行出样，尺寸从小到大（S，M，L，XL），一般以 M 号为正面出样。根据店铺大小和实际情况可以有所调整，但不可只展示单件商品。

图 1.2-5　上下装组合的正挂　　图 1.2-6　挂钩缺口向左　　　　　　图 1.2-7　同款同色产品侧挂

2. 侧挂陈列的规范

① 同款同色的产品应连续挂 2 ~ 4 件，一般春夏季每个款式同款同色挂 3 件（S、M、L），秋冬季SKU 挂 2 件（M、L）。挂装尺码从左至右，尺寸从小到大；自外向内，尺寸由小到大（图 1.2-7）。

② 挂件应保持整洁，无折痕。

③ 确保纽扣、拉链、腰带等物品完整。

④ 所有挂钩朝内。

⑤ 侧挂服装不能过于稀疏或过于拥挤，建议每个挂钩间距为 3cm，衣架之间保持均衡的距离。

⑥ 对于裤装，采用 M 形侧夹或开放式夹法，侧夹时裤子的正面应向左。

⑦ 当展示套装搭配的是衬衣时，裤装通常以侧面夹挂的方式展示。

⑧ 在侧挂展示中，商品距离地面应不少于 15cm。

⑨ 在侧列挂装区域的就近位置，可以放置模特进行展示，或者展示正挂陈列中具有代表性的款式或其组合，并可以配置宣传海报。

⑩ 商品上的吊牌等物品应放置在衣物内部。

（四）挂放陈列的色彩规律

① 在挂放陈列时，要注意颜色的交叉对称，确保深浅色之间的对比度。

② 挂装放列的颜色组合应不超过 4 种，并且尽量保持每种货品的数量相同，以确保色块整齐。

③ 在挂放陈列时，不应同时陈列相近的颜色（例如本白与奶白）。

二、叠装陈列

叠装就是把商品折叠后的陈列。叠装陈列可以丰富卖场的陈列效果，提高卖场的存储商品量。叠放适合用于文化衫、正装衬衫、牛仔裤、毛衫等品种；叠装陈列也多用于服装店铺的小件商品及配饰的整体展示陈列，其作用为：

① 能够充分地利用店铺空间，合理分配店铺资源，储货性强。

② 大面积的叠装陈列能得到特殊的视觉效果，形成视觉冲击。

③ 叠装陈列可完整体现货品色彩的系列性。

（一）叠装陈列的规范

① 将同季、同类、同系列的产品陈列在同一区域。

② 陈列的商品应拆去包装，并熨烫平整。特别要确保肩部和领位整齐，不得将吊牌暴露在外。同款、同色的薄装产品一叠摆放 4 件厚装产品一叠摆放 3 件（机织类衬衣的领口可以上下交错摆放）。

③ 若出现缺货或断色情况，可使用不同款式但同系列且颜色相近的服装垫底。

④ 每叠服装的折叠尺寸应相同，可以使用折衣板辅助，折衣板的参考尺寸为 27cm×33cm。

⑤ 上衣折叠后的长宽建议比例为 1：1.3。

⑥ 折叠陈列同款、同色的服装时，尺码应从上到下按照从小到大的顺序放置。

⑦ 有标识的上装应显露出来；有图案的上装应展示出图案，从上到下应整齐相连。

⑧ 折叠后的下装应展示尾袋、腰部、胯部等部位的工艺细节。

⑨ 折叠后的商品挂牌应藏于衣物内部。

⑩ 每叠服装之间的距离应为 10～13cm（至少一个拳头的距离）。

⑪ 在上下层板之间陈列商品时，每叠服装的高度应一致，并且上方应预留 1/3 的空间。

⑫ 叠装的有效陈列高度为 60～180cm，低于 60cm 的叠放主要用于储藏。尤其要避免在卖场的死角、暗角展示深色调的服装，可经常改变服装的展示位置，以免造成滞销。

⑬ 在叠装服饰陈列附近设置相关的挂装展示和海报，或者设置全身/半身模特进行展示，以提供组合搭配的示范。

⑭ 正装类货品尽量不要进行叠装，除非造型需要。

总之，叠装陈列的叠法根据材质和花色的不同而异，例如竖型旗袍和横版旗袍的叠法，衬衣、裤装的叠法各有所不同。

注：叠装陈列服装折叠方法见图 1.2-8 ～图 1.2-12。

图 1.2-8　A4 大小的竖型叠装叠法

图 1.2-9　A4 大小的横版叠装叠法

图 1.2-10　A4 大小的衬衣叠装叠法

图 1.2-11　A4 大小的外套叠装叠法

图 1.2-12　裤装叠装叠法

（二）叠装组合的色彩规律

叠装组合色彩的具体操作方式可分为三种：渐变法、间隔法、彩虹法，其中比较常用的是间隔法。

① 渐变法：按色彩的明度深浅的不同依次进行排列，给人一种宁静、和谐的美感。

② 间隔法：通过两种以上的色彩间隔和重复，产生一种韵律和节奏感。

③ 彩虹法：将服装按色环上的颜色循序进行排列，色彩丰富。

三、摆放陈列

摆放陈列是将服装展开摆放在展示台平面上，以更好地展示服装的款式和装饰细节。摆放陈列多在中岛展区使用，得体的摆放陈列能更好地提升产品的连带销售及展示货品特色。

（一）摆放陈列的规范

摆放陈列时应先将商品分类，再进行陈列。陈列时注意强调摆放的整体性、统一性；体积较大的服饰（如包类），须有内充物填充，吊牌不外漏，注意不可填充过于臃肿，饱满即可；摆放陈列的道具尽可能地体现系列感或量贩感。

1. 包装形式摆放

带包装形式的商品，多用于节庆、新店开业时，让顾客能有特别的体验。一般在摆放时需注意包装的色彩与形式是否与商品相呼应，以及摆放时的空间错落效果。

2. 平面形式摆放

当中岛展示区域有较大空间时，可采用平面形式摆放服饰。服装平面展示的形式可依据对服装风格、主题、色彩、企业文化等要素的提炼，更好地体现服装的款式和细节。

3. 与饰品组合形式摆放

为了更好地促进连带销售，服装常会与饰品以组合形式摆放，以提升服装特色。服装与饰品组合摆放时，应注意色彩、材质、展示道具的选择，好的展示道具能提升服装档次及品牌品质。

（二）摆放组合的色彩规律

摆放组合色彩形式常见有同类色摆放、近似色摆放及对比色摆放。

① 同类色摆放：能将摆放商品形成色块，使货品看上去整齐统一。

② 近似色摆放：在同一色调中又富有变化，使货品的出样更为丰富、活泼。

③ 对比色摆放：多强调摆放时的局部特色，通过色调差异更好地提升顾客的关注率。

四、模特陈列

模特陈列主要展现服装的整体搭配组合效果，反映当季的时尚流行或品牌最新的产品信息。模特陈列多选择的是有特点及店铺中畅销的服装。在店铺陈列中合理地选择使用模特，能打造店铺氛围及提升橱窗展示效果，拉近店铺与顾客之间的距离，使品牌更具亲和力（图1.2-13）。

模特陈列的作用：

① 模特陈列能充分展示服装细节。

② 立体呈现服装款式，体现当季主题及品牌风格。

③ 好的模特陈列能引导及提升销售。

（一）模特陈列的规范

① 模特陈列中整身模特分为站立和坐姿两种形态，通常采用固定姿态。在为模特穿着服装时，需要将模特的可拆分关节平放，并按照从下到上的顺序进行穿衣组装。半身模特只展示上半身或下半身，陈列时要注意服装的搭配，以更好地展示服装的特色。人台常用于高档服装或定制服装的陈列展示。

② 模特展示的应是卖场的新款货品或推广货品。

③ 组合模特时需要注意主题、风格和模特造型的协调统一。除非特殊设计要求，模特的上身和下身都不能裸露。陈列时需要事先确定展示空间的大小，注意模特的姿态和前后摆放的关系。

④ 选择最合适尺码的服装，避免过大或过小。

⑤ 所陈列服装的搭配多采用对比色系，色彩要大胆，细节部分可以稍微夸张，以吸引顾客的注意。

⑥ 为避免款式和颜色过于单调或商品受损，需要定期更换展示服装。

⑦ 多使用与主题相关的配饰，以增强展示效果，同时促进配饰的销售。

⑧ 模特身上不得外露任何吊牌或尺码，除非是部分促销或减价商品。

⑨ 商品在穿着之前必须熨烫。

⑩ 模仿真实的人体穿着状态，穿着后需要整理肩部、袖口和裤子。必要时可以辅助使用别针和拷贝纸，以提升展示效果，使主题更加鲜明，更具生活气息。

（二）模特陈列的色彩规律

模特陈列色彩常见的关系为主体色、次要色、融合色及点缀色。

模特陈列时的色彩运用方法为平衡法、关联法、交叉法及三角组合法（图 1.2-14）。

1. 模特摆放与空间结构

店铺的橱窗及 VP 点经常使用模特陈列，模特摆放时一般分为：一至两人模特摆放、三人模特摆放及多人模特摆放。

摆放时需注意摆放角度及空间结构，常见模特摆放的空间结构为前后错落摆放（图 1.2-15）、站模与坐模搭配摆放（图 1.2-16）、一字型平排摆放（图 1.2-17）。

2. 模特摆放与服装风格营造

模特的摆放和服装风格的营造是展示服装魅力和吸引顾客的重要环节。通过合适的摆放方式和展示策略，可以有效突出服装的特点，吸引顾客的关注，并增加购买欲望。

① 根据服装风格和主题，选择合适的摆放方式。摆放模特的位置应突出服装的特点和风格，以吸引顾客的注意。

图 1.2-13　模特陈列

图 1.2-14　模特陈列的色彩运用方法

图 1.2-15 前后错落摆放

图 1.2-16　站模与坐模搭配摆放

图 1.2-17　一字型平排摆放

②考虑模特的姿态和表情，使其与服装相协调。模特的姿态应与服装风格相契合，展示出服装的特色和设计理念。

③注意摆放的整齐和对称性。模特之间的距离应保持一致，摆放的高度和位置应统一，以营造整体的和谐感。

④根据服装的风格特点，选择适合的背景和道具。背景和道具的选择应与服装相匹配，以突出服装的风格和主题。

⑤在摆放模特时，可以考虑使用动态和静态结合的方式。通过模特的姿态和动作，展示服装的舒适度、流动性或立体感。

⑥在摆放模特时，可以考虑使用多种角度和视角展示服装。通过不同的角度和视角，展示服装的各个面向，使顾客可以全方位地了解服装的设计和细节。

⑦针对特定的服装风格，可以选择特定的摆放形式。例如，对于正式礼服，可以采用排列整齐的方式展示；对于休闲服装，可以采用随性和放松的摆放方式。

图 1.2-18　模特摆放与氛围营造

　　⑧ 考虑模特与周围环境的协调性。模特的摆放应与展示区域的风格和氛围相呼应，营造出统一的整体效果（图 1.2-18）。

　　⑨ 定期更换摆放位置和服装组合，以保持陈列的新鲜感和吸引力。根据季节、流行趋势或促销活动，及时更新摆放布局和服装搭配。

本章节的任务实施、任务评价、知识题库内容扫描二维码在线阅读、练习

任务 1.3　客户接待技巧

【思维导图】

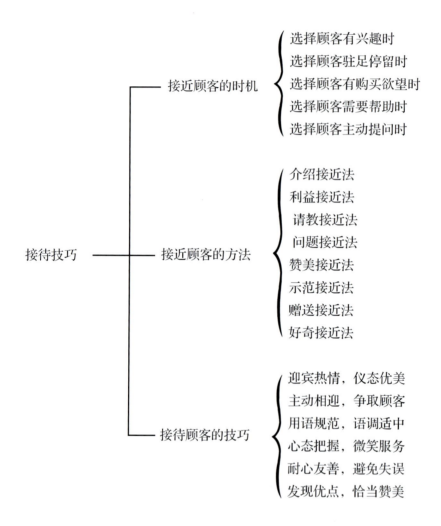

接待技巧
- 接近顾客的时机
  - 选择顾客有兴趣时
  - 选择顾客驻足停留时
  - 选择顾客有购买欲望时
  - 选择顾客需要帮助时
  - 选择顾客主动提问时
- 接近顾客的方法
  - 介绍接近法
  - 利益接近法
  - 请教接近法
  - 问题接近法
  - 赞美接近法
  - 示范接近法
  - 赠送接近法
  - 好奇接近法
- 接待顾客的技巧
  - 迎宾热情，仪态优美
  - 主动相迎，争取顾客
  - 用语规范，语调适中
  - 心态把握，微笑服务
  - 耐心友善，避免失误
  - 发现优点，恰当赞美

【任务导入】

　　服装品牌店新店开业，销售经理正在给门店全体服装销售人员开展接待顾客的培训，要求服装销售人员能根据接近顾客的原则学会接近顾客的技巧、方法，以及如何在门店接待顾客并进行相关演练。

（一）知识目标

了解接近顾客需要把握的方法和时机，以及技巧。

（二）技能目标

　　在接近顾客的过程中，把握接近顾客的原则，综合运用接近顾客的方法，在实际工作场景中熟练接待顾客。

（三）素质目标

通过服装行业接待顾客的实操，培养服务意识和耐心细致的职业品质。增强职业认同感和劳动自豪感，体会劳动不分贵贱，任何职业都光荣、都出彩，养成爱岗敬业的职业精神。

【知识学习】

接近顾客是服装销售门店销售的前奏。接近顾客通常要了解和掌握接近顾客的时机、接近顾客的方法和接待顾客的技巧等。

一、接近顾客的时机

在服装销售门店，服装销售人员尤其要注意把握并选择好接近顾客的时机，因为过度的热情会吓跑顾客，对顾客表现冷漠又容易使顾客感受到不受重视。服装销售人员要时刻注意观察路过和进入门店的顾客，要注意把握好与顾客的恰当距离，用自然的目光观察顾客，把握时机。

（一）选择顾客有兴趣时

① 当顾客进入门店，且对某件服装产品久久注视时，则表示顾客对该服装有兴趣。

② 当打量某一服装的顾客寻找该服装的标签和价格标牌时，则表示顾客已经对该服装产生兴趣，想知道它的品牌、价格和产品成分。

（二）选择顾客驻足停留时

当路过门店的顾客突然驻足停留时，则表示顾客看到了满意的服装。

（三）选择顾客有购买欲望时

当进入门店的顾客在仔细打量某件服装时，则表示顾客对该服装有需求，有购买欲望。

（四）选择顾客需要帮助时

当顾客手摸服装且四处张望时，则表示该顾客想要寻求服装销售人员的帮助。

（五）选择顾客主动提问时

当顾客向服装销售人员主动提出关于服装的问题时，则表示顾客需要帮助进行产品的介绍。

以上时机的出现，都给服装销售人员提供了销售的机会。同时需要注意的是，在接近顾客时，要注意把握分寸和距离，既不能太热情而让顾客感到虚假，又不能太冷漠而让顾客感到不被重视。

二、接近顾客的方法

（一）介绍接近法

介绍接近法是指服装销售人员看到顾客对某件商品有兴趣时上前介绍产品的方法。产品介绍主要从服装的特性（品牌、款式、面料、颜色）、优点（大方、庄重、时尚、舒适、吸汗、凉爽）进行，若销售人员穿着的就是本品牌的服装，则可从介绍自己身上穿的衣服开始。介绍时注意避免征求顾客的意见，因为如果顾客回答"不需要"或"不麻烦了"，会造成尴尬的局面。

话术范例：

"女士，这是我们刚到的秋冬最新款，我来给您介绍一下。"（开门见山）

"女士，您眼光真好，这是今年秋冬最流行的（大衣）款式，穿起来会显得非常地与众不同，请您试一下，这边请！"（新款加赞美）

"女士，您好，这是今年夏天最流行的裸色系百褶裙，特别符合您的气质，穿上后您会显得更加妩媚动人。我拿给您试穿下，这边请！"（突出新款的特点）

（二）利益接近法

利益接近法是指利用服装给客户带来的利益或价值来接近客户的方法。本方法在使用之初就要让客户知道，会有什么样的利益出现，从而吸引顾客。

话术范例：

"女士，成为我们品牌的会员后，平时可享受无折扣商品 95 折，在每年您生日当天来消费可以享受折上 88 折的优惠。"

"女士，这款皮衣是今年夏天的流行时尚款，纯黑色调搭配铆钉展现率真自我的风格，镂空设计让随性中流露出自然的性感，我帮您搭配试穿下，这边请！"（突出新款式的利益点）

"哇！女士，我们店里正好在做促销，现在买是最划算的时候！"（突出重音）

"您好，欢迎光临本店，现在全场货品 88 折，凡购满 1000 元即可送 XXX。"

"您好，女士，您真是太幸运了，现在优惠大酬宾，全场 5 折。"

"女士，您来得正好，我们店正在搞活动，现在买是最划算的时候！"

"您好，女士，您运气真好，现在优惠大酬宾，全场 88 折。"

（三）请教接近法

请教接近法是指服装销售人员通过请顾客帮忙解答疑难问题来接近顾客的方法。这种方法利用人们不会拒绝虚心求教的人的心理来达到接近顾客的目的。服装销售人员在实施的过程中要做好事先的规划，注意把握请教的问题一定是顾客擅长的，否则结果将适得其反。

话术范例：

"女士，您身上的香水味真好闻，冒昧请教一下您用的什么牌子的香水？"

"这位女士，您不仅很会买衣服，而且对自己的朋友也很用心！请教一下，您觉得这里哪款衣服最适合您的朋友呢，我想听听您的看法。"

（四）问题接近法

问题接近法是指服装销售人员通过客户感兴趣的问题引起客户的注意，从而达到接近客户的方法。这个方法的优势是可以通过客户感兴趣的问题激发顾客的注意力和兴趣点。

话术范例：

"您好，有什么可以帮您的吗？"

"这件衣服很适合您！"

"请问您穿多大号的？"

"您的眼光真好，这是我公司最新上市的产品。"

"请问女士，您平时一般喜欢穿什么颜色的衣服？"（介绍品牌后立即提问）

（五）赞美接近法

赞美接近法是指服装销售人员通过恰当的赞美顾客，获得顾客好感而接近顾客的方法。值得注意的是，赞美虽然好用，但使用的频率不要过于频繁，也不要千篇一律，使用频率过高会使顾客感到反感，从而感到你的赞美不真诚。

在服装销售行业，我们一般可以从顾客穿衣的品位、服饰的搭配、个人的气质等方面进行赞美，同时也可从顾客的事业、长相、举止、语言、家庭等多方面进行赞美。

话术范例：

"女士，在我接待的顾客中，您的穿搭好有创意，每一件服饰在您的搭配下都十分漂亮！"

"女士，这件衣服非常符合您的气质！"

"女士，您的身材真好，简直就是我们家衣服的衣架子！"

"女士，您真有眼光，您手里拿的正是我们秋冬的最新款"

"女士，您气质真好！"

到位的赞美必将让那些爱美的女士心花怒放，促进销售工作及客户维护的开展。

（六）示范接近法

示范接近法是指服装销售人员通过表演、展示的方法接近顾客的方法。这个方法在服装销售时非常实用，服装展示能更快速地吸引顾客的眼球，让顾客更加深刻地了解服装的设计风格，在销售门店展示时还能大大提高服装销售人员的精神面貌，最大程度地吸引顾客进店选购。其中，最好的示范就是让顾客试穿。

顾客试穿时要注意以下几点：

① 主动为顾客解开要试穿服饰的扣子、拉链等。

② 引导顾客到试衣间外静候。

③ 顾客走出试衣间时，为其整理。

④ 评价试穿效果要诚恳，不吝赞美之辞，可略带夸张。

（七）赠送接近法

赠送接近法是指服装销售人员利用赠送礼品的方法来接近顾客，以引起顾客的兴趣，该方法效果非常明显。赠送的礼品要把握其价值及品质，尽可能选用有纪念意义且具有实用价值又不昂贵的物品。如品质优良、造型别致的毛巾，赠品虽然价值不高，但好在造型可爱，让顾客喜欢。

也可采用节假日赠送小礼物的方式，这不仅能让顾客再次到店，还能让顾客感受到暖心、细心的服务，树立品牌文化。

（八）话术接近法

好奇接近法是指服装销售人员利用顾客好奇的心理特征来接近对方。服装销售人员在使用好奇接近法的时候，要注意挖掘顾客群体的好奇点，找到独特、惊奇、新颖之处，充分激发顾客的好奇心，达到吸引顾客的目的。例如，在服装销售门店摆放一些应景的摆设，制造一些氛围，引起顾客的注意（图1.3-1）。

图 1.3-1　店铺里应景的氛围营造　　　　图 1.3-2　"丁"字形站姿　　　　　图 1.3-3　"V"字形站姿

三、接待顾客的技巧

（一）迎宾热情，仪态优美

销售首要面对的是迎宾接客，如果在迎宾接客时销售人员有一个良好的迎宾仪态来展示饱满的精神状态，就会给顾客一种活力的、精神愉悦的氛围，这种状态会通过情绪感染到客户，从而能够促使顾客在店面里多留些挑选时间，以增加销售成功机会。因此迎宾仪态良好的销售人员，更能让顾客感觉到品牌的价值，俗话说："销售是品牌的活广告。"销售人员保持良好的仪态和基本素养，也是品牌提升知名度的一个关键。

1. 站姿

常用的女士服装销售员站姿：

①站姿的脚位可用"丁"字形，左脚脚后跟靠在右脚脚心一拳处，左脚脚尖朝前，右脚呈斜向35°，左右脚可切换（图 1.3-2 ）。

②站姿的脚位可用"V"字形，双脚脚后跟轻靠，前脚掌往两侧打开呈"V"字（图 1.3-3 ）。

③站姿手势为"左手在下，右手在上"虎口相对，双手自然轻贴腹部处（以拇指碰到肚脐眼为准），同时双肩自然往后展，吸气立腰（图 1.3-4 ）。

常用的男士服装销售员站姿：

①站姿的脚位是双脚自然打开与肩同宽。

②站姿的脚位可用"V"字形，双脚脚后跟轻靠，前脚掌往两侧打开呈"V"字。

③站姿手势为双手自然往下放至裤缝侧，同时双肩自然往后展，吸气立腰。

2. 走姿

①上身保持吸气立腰状态。

②行走时两臂前后自然摆动。

③行走时重心落在后脚跟。

④双眼平视前方，收下颌，表情自然。

图 1.3-4　女士服装销售员站姿

图 1.3-5　横摆式手势

需要注意的是，无论男士服装销售员还是女士服装销售员，在迎宾走姿中都要注意双脚脚尖朝前，不应呈现"外八"或"内八"的姿态，注意放松小腿、脚踝，避免肌肉过度紧张而影响走姿。

3. 手势

手势是服装销售过程中最能表明指向性的姿态，手的指向性表达作用十分明显且重要。

①横摆式手势。将手部伸直手指并拢，拇指向手心处靠，掌心斜向 45°，手臂及指尖往目标方向横向摆动，通常用于指引顾客行进（图 1.3-5）。

②曲臂式手势。手臂弯曲，由身体侧边向身体前方摆动，手臂高度在胸口以下，是用于做"里边请"的手势。

4. 目光

销售人员的目光应该表达出关注、尊重和友好的态度，与顾客建立良好的眼神交流，从而建立信任和积极的销售关系。

①目光坦诚：保持眼神的坦诚和真诚，展示出对顾客的关注和尊重。

②注重眼神交流：与顾客进行眼神交流时，要表现出友好和亲近，注视时间以 3 ~ 5s 为宜，可注视在顾客双眼到唇心之间区域，避免目光游离或不断转移，以表示专注和兴趣。

③切勿东张西望，保持适度的眼神接触：要与顾客进行眼神接触，但不要过于强烈或过度注视，以免让顾客感到不适。

④避免使用过于强势或威胁性的目光，要展现出友好、合作的态度，给顾客一种舒适和信任感。

⑤保持微笑：在与顾客交流时，微笑的目光可传递出友善和亲切的态度，让顾客感受到愉快和欢迎。

（二）主动相迎，争取顾客

在服装门店销售过程中，店门迎客是接触顾客的首要步骤。因此，在迎接顾客时，销售人员需要克服自身心理障碍，主动与顾客进行交流。当服装销售人员轮岗站位于门口时，应遵循"135 法则"：即 5m 关注、3m 注视、1m 搭话。

在 5m 距离处，销售人员应关注顾客，通过观察顾客的服饰和状态，判断采用何种方式与其进行沟通。

在3m距离处，销售人员应目光注视顾客（图1.3-6）。当顾客逐渐接近时，应给予足够的重视，展示微笑，使顾客感受到亲切，愿意与销售人员进行交流或闲聊。通过以上方法，可以提升店门迎客的效果，促进与顾客的良好互动，进而增加销售机会。

图 1.3-6　目光注视

当顾客走近 1m 范围时，销售人员可以用简洁的方式与其搭话。一个常用的问候模板是："您好，欢迎光临本店！请问有什么可以为帮到您？"

在与顾客交流时，销售人员应注意情绪的传递，以给顾客留下良好的第一印象。销售人员可以穿着具有本品牌特色的服饰，以吸引顾客的注意，并运用适当的肢体语言和声音与顾客进行交流。

当店内有众多顾客进入进行选购时，销售人员需要掌握"接一待二顾三"的技巧，并培养"左顾右盼"的能力。这意味着销售员既不能忽视先前到店的顾客，又要照顾到后到店的顾客，以确保所有顾客都能得到适当的关注和服务。

（三）用语规范，语调适中

1. 销售过程中不使用服务禁忌语

① 话术范例不要说"我做不到"。

在提供服务时，避免使用否定的表述，如"我做不到"。相反，我们应该多使用肯定的语言，例如，"我将尽力"或"肯定会有解决办法的"，以赢得顾客对服装销售人员能力的认可，并建立顾客的信任。

② 多说"我们"少说"我"。

在与顾客交流时，应该多使用"我们"而不是"我"的表述。使用"我们"可以向顾客传达一种心理暗示，表明我们是站在顾客的角度来为其推荐产品。尽管"我"和"我们"只相差一个字，但使用"我们"可以增加几分亲切感。

2. 与顾客交谈时不接电话

在接待顾客的过程中，尽量避免接听电话。即使顾客已同意你接听电话，但接听电话也会让顾客感觉不受重视。如果确实有重要电话，可以迅速接听后立即挂断，并在顾客接待结束后回拨。这样的做法既能获得顾客的好感，让他们感受到被尊重，同时也不会耽误后续潜在顾客的开发，一举两得。

3. 不在顾客面前抱怨

在为顾客提供服务的过程中，切忌通过抱怨工作不满来赢得顾客的同情。一个满腹牢骚的销售人员可能会影响顾客对你的信任，因为顾客会认为你对待工作的态度也可能草率对待他们的服务需求。

4. 注意语音语调的把控

在日常的销售工作中，服装销售人员应该注意训练自己的语音语调。

① 语速不要过快也不要过慢，这样既能让顾客听清楚，又不会因为过快过慢而影响销售效果。

② 音量要根据销售地点做出相应调整。由于服装销售主要在室内进行，过大的音量可能会影响周围同事的工作，而过小则会导致顾客听不清楚你的讲话内容。同时，也要根据顾客自身情况确定音量大小，原则是在顾客能听到的范围内即可。如果在室外进行促销活动，也应根据具体情况调整音量，创造良好的沟通环境。

话术范例1：当顾客进店看服装时，可以这样和顾客交流，"女士（先生），您好！是否需要我为您介绍更多款式呢？"通过这种方式，我们可以主动引导顾客表达他们的需求，并根据需求提供帮助。

话术范例2：当顾客在店内左顾右盼时，可以这样说，"女士（先生），我们的款式上新区在这边，请您过来看看。"在顾客对选购服装的兴趣不高的情况下，我们可以主动引导顾客去店内新款设计区域，以提高顾客的兴趣与参与度。

（四）心态把握，微笑服务

微笑服务是指在与顾客交往和提供服务的过程中，服务人员通过微笑表情来传递友善、热情和专业的服务。微笑服务不仅仅是一种礼貌的表达方式，更是传递关怀和愿意为顾客提供优质服务的信号。

那么，如何让自己每天都保持微笑呢？服装销售人员在提供服务时，要把握以下几点：

① 真诚而自然：微笑应该是真诚的，不应该是虚假或勉强的。它应该流露出真正的友善和热情，让顾客感受到真诚的关怀。

② 及时回应：服务人员应该在顾客接近或与其交流时立即展示微笑，以示欢迎和尊重。不论是初次接触还是后续互动，都要及时回应顾客，不让顾客感到被忽视或冷落。

③ 适度而恰当：微笑的程度和方式应该适度而恰当，符合顾客的文化背景和期望。它应该传递出友好、温和、专业的态度，而不是过于夸张或不自然。

④ 全程保持：微笑不应该只在开始接待顾客时出现，而应该在整个服务过程中持续存在。无论是询问需求、提供建议、解答问题还是解决疑虑，微笑都应该贯穿始终，让顾客感到被关注和重视。

⑤ 尊重个人空间：微笑服务不应该侵犯顾客的个人空间或让其感到不舒服。服务人员应该要保持适当的距离，并遵守文化和社交习惯，以确保微笑服务的效果和舒适度。

微笑服务练习的方法：

① 可通过"哆、唻、咪"发音放松嘴唇周围的肌肉，感受嘴部的变化。

② 轻轻把嘴唇合上，并将两侧的嘴角自然轻松地拉紧向上抬，反复练习，找到自己最美的微笑嘴型。

③ 放松嘴唇，再聚拢嘴唇使嘴部形成一个"O"。

④ 使用筷子、镜子作为辅助工具，轻咬住筷子面对镜子将嘴角两端齐往上提，感受面部的肌肉，保持30s。

⑤ 形成并保持微笑。

（五）耐心友善，避免失误

服装销售人员在服务过程中，难免会碰到形形色色的顾客，这时就是考验服装销售人员耐心的时刻，服装销售人员应该时刻保持情绪平稳，耐心细致地为顾客提供服务。那么如何控制自己的情绪，避免出现不耐烦的情况呢？要注意练习控制好自己的情绪，不要反应过度（如打岔、反驳），控制情绪的方法：

① 深呼吸，从一数到十五，或深呼吸三次。

② 找出一些和对方意见一致之处。

③ 回想一件快乐的事。

④ 培养心平气和、冷静客观的涵养。

本章节的任务实施、任务评价、知识题库内容扫描二维码在线阅读、练习

任务 1.4 顾客需求分析

【思维导图】

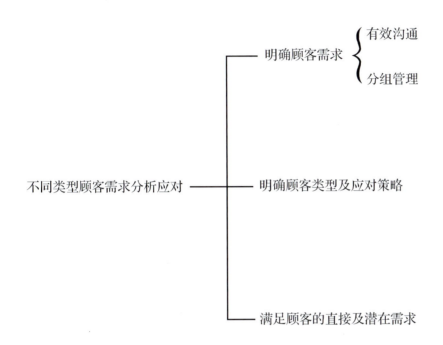

不同类型顾客需求分析应对 ——
- 明确顾客需求
  - 有效沟通
  - 分组管理
- 明确顾客类型及应对策略
- 满足顾客的直接及潜在需求

【任务导入】

面对走进服装品牌店的不同类型的顾客，服装销售人员应及时了解顾客的需求，以及顾客的喜好、偏好、期望和需求，有效分析顾客需求，对不同的顾客施以不同的应对方案，从而满足顾客的直接及潜在需求，提供符合顾客期望的产品或服务。

（一）知识目标

了解需求的定义，并能辩明顾客需求的重要性方法，掌握不同类型顾客的应对技巧。

（二）技能目标

掌握辩明顾客需求的方法，熟悉不同类型顾客的应对技巧。

（三）素质目标

培养学生的客户导向意识和关系管理能力，使他们能够更好地理解和满足他人的需求，建立良好的人际关系和合作关系。

【知识学习】

一、明确顾客需求

针对顾客的进行深入研究和分析。了解顾客的喜好、偏好、期望和需求，以便能够提供符合顾客期望的产品或服务。顾客需求通常包括以下内容：

① 产品需求：了解顾客对产品的特性、功能、品质等方面的需求。

② 价格需求：确定顾客对产品价格的敏感度和可接受范围。

③ 服务需求：分析顾客对售后服务、客户支持和配送等方面的需求。

④ 偏好需求：了解顾客的喜好、风格和偏好，包括颜色、款式、设计等方面。

⑤ 创新需求：探索顾客未来可能出现的新需求。

（一）有效沟通

对顾客的需求如果无法了解，就很难得到顾客的认同，无法与顾客沟通，致使产品推销受阻，因此有效的沟通促使销售顺畅。

有效沟通通常使用观察和提问两种方法，能够提供更全面和准确的信息，促进双方的理解。工作过程中一般采用观察和提问两种方法实现有效沟通。

1. 观察

观察是通过仔细观察对方的非言语行为，如面部表情和动作等，来获取信息。观察可以揭示出许多隐含的情感、态度和意图，从而帮助我们更好地理解对方的内心状态。通过观察，可以获取非常有价值的线索，以更好地回应对方的需求和意图（表 1.4-1）。

表 1.4-1　观察内容

表情	兴致很高	动作	长时间注意一件商品
	微笑		拿到镜子前比划
	认真倾听		开口询问价格
	若有所思		和朋友讨论

2. 提问

提问是通过提出问题来主动获取信息和启动对话。提问可以帮助我们更深入地了解对方的想法、感受和需求。合理的提问能够引导对方思考、表达和解释自己的观点，从而促进有效的沟通和交流。通过提问，可以获得更多的细节和背景信息，有助于准确理解对方的意图和期望。

在实际工作中，观察与提问须合并使用；一般是观察后，再对顾客进行提问，通过提问可以让顾客参与更多，同时了解顾客的兴趣与欲望以及消除顾客的顾虑与担心。提问一般分为开放式提问以及封闭式提问，其优点和缺点各有不同（表 1.4-2）。

表 1.4-2　两种提问地优缺点

开放式提问的优点	封闭式提问的优点
获得足够资料	很快取得明确要点
使顾客相信他在控制整个谈话	确定对方想法
营造出和谐的气氛	"锁定"客户
开放式提问的缺点	封闭式提问的缺点
需要更多的时间	获得较少资料
要求顾客多说话	需要更多问题
可能会忘掉这次谈话的主要目的	"负面"气氛

观察和提问相互补充，这两种方法需要专注和耐心，以确保我们真正理解对方的意图和需求，从而建立起良好的沟通渠道。

（二）分组管理

一般情况下，客户的分组是根据他们与品牌店铺的业务量进行划分的。常见的店铺分组包括 VVIP 客户、VIP 客户和一般客户。这种分组的依据是顾客在店铺购物的消费额度。以高级时装类专卖店为例，常见的分组维度如下：一般客户的消费额度为 0 ~ 5 000 元；VIP 客户的消费额度为 5 000 ~ 10 000 元；VVIP 客户的消费额度超过 10 000 元（图 1.4-1）。通过这样的分组管理，我们能够更好地了解顾客，并在销售过程中进行有效的管控。这种分组方法有助于店铺更好地满足不同客户的需求，提供个性化的服务，并实现销售目标。

根据客户与之购买货品的次数、价格及关系程度还可将客户分为老客户和新客户。日常需要做好的就是维持好老客户的同时不断增加新的客户，从而增加店铺的销售量。

客户分组是根据店铺的销售目标将忠实且具有利润潜力的客户进行分类的重要步骤。通过将客户分组后，可以采用不同的营销方式，有针对性地进行分组销售。不同组别的客户将会享受到不同的优惠措施。此外，根据客户的利润水平，可以安排不同的时间与客户进行交流，以争取更多的销售量和商业利润。

针对 VVIP 用户群体，需要观察顾客的喜好、习惯和需求，并进行详细记录。这样可以更好地提升服务细节，从而获得更多的 VVIP 客户口碑和利润。

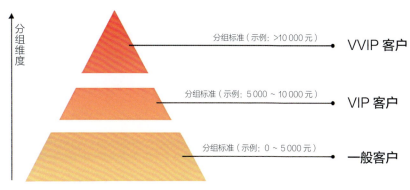

图 1.4-1　客户分组维度

同时，对于流失的客户，需要找到流失的原因。我们需要了解他们属于哪个客户群体、流失的原因是什么，以及通常在哪个阶段流失。通过找到关键问题，我们可以制定应对方法。例如说，某品牌销售经理发现最近销售量下滑，调查后发现客户对销售服务的满意度下降的原因是店铺升级导致一般客户需要重新填写客户信息和调查问卷，客户觉得这很麻烦且浪费了他们的时间，更重要的是，他们感觉品牌对他们的重视不够。因此，在购买类似商品时，他们选择了其他品牌的产品。销售经理在发现问题后及时改变了处理方法，以赢得客户的青睐，帮助品牌重新获得客户的支持。

二、明确顾客类型及应对策略

在服装销售行业，一般有以下类型的顾客，其应对策略如下：

① 时尚追随者型顾客：这类顾客对时尚趋势和流行款式非常敏感。销售策略应重点强调时尚性、新颖性和个性化，推荐最新款式和潮流单品，提供时尚搭配建议，以满足他们对时尚的需求。

② 价值导向型顾客：这类顾客更注重产品的性价比和实用性。销售策略应侧重于强调产品的质量、耐用性和价格优势，提供经济实惠的选择，以及关于产品特点和性能的详细信息，以满足他们对物超所值的需求。

③ 品牌忠诚者型顾客：这类顾客对特定品牌非常忠诚，注重品牌的声誉和品质。销售策略应侧重于展示品牌的独特价值和特色，强调品牌故事和历史，提供关于品牌背景和产品的详细信息，以满足他们对品牌认同和忠诚度的需求。

④ 个性风格型顾客：这类顾客注重展示自己的个性和独特风格。销售策略应注重提供多样化的款式和选择，引导顾客发掘适合他们个性的服装风格，提供个性化的搭配建议和定制化服务，以满足他们对个性化和独特性的需求。

⑤ 实用主义型顾客：这类顾客更注重服装的实用性和舒适性。销售策略应强调产品的舒适度、适应性和功能性，提供关于面料、尺寸和穿着舒适度的详细信息，以满足他们对实用性和舒适性的需求。

⑥ 颜色喜好型顾客：这类顾客对服装颜色的选择非常重视。销售策略应注重提供多样化的颜色选择，提供关于颜色搭配和搭配建议的指导，以满足他们对服装颜色的个性化需求。

⑦ 体验追求型顾客：这类顾客注重购物体验和服务。销售策略应侧重于提供良好的购物环境、个性化的服务和建议，关注顾客的需求和反馈。

三、满足顾客的直接及潜在需求

顾客的直接需求是指顾客明确表达或清晰意识到的需求，这些需求通常是明确的、具体的、直接可见的。直接需求可以是特定的产品或服务特征、功能、规格、价格、品质、数量等方面的要求。潜在需求是指顾客可能存在但未明确表达或者未意识到的需求。这些需求可能基于顾客的潜在欲望、期望、情感、态度、价值观、生活方式等因素，可能与产品或服务的功能、体验、品牌形象、社会认同等相关。

满足顾客的直接及潜在需求重点在服务。服务在满足顾客的直接及潜在需求中扮演着重要的角色。提供优质的服务可以增加顾客的满意度，并建立良好的客户关系。以下是在服务方面满足顾客需求的关键点：

① 倾听和理解：通过积极倾听顾客的需求，包括他们的直接和间接表达，了解他们的期望、偏好和潜在需求。这有助于建立沟通和互动，并确保准确理解顾客的要求。

② 个性化服务：针对不同顾客的特点和需求，提供个性化的服务。这可以通过了解顾客的喜好、购买历史、

生活方式等信息来实现，从而为他们提供定制化的建议和推荐。

③ 解决问题和提供解决方案：顾客可能会遇到问题或面临挑战，他们希望能够得到及时的帮助和支持。关键是快速响应顾客的问题，并提供合适的解决方案，以确保顾客的满意度和忠诚度。

④ 主动沟通和反馈：保持与顾客的积极沟通，并定期征求他们的意见和反馈。这可以通过问卷调查、在线评论、社交媒体等渠道进行。反馈和建议可以帮助企业了解顾客的需求变化，并及时做出调整和改进。

⑤ 培养关系和建立信任：与顾客建立良好的关系，建立信任是服务的关键。提供真诚、热情和专业的服务，关注顾客的体验和满意度，积极解决问题，这些都有助于建立稳固的客户关系。

因此，服务质量就是销售员工作的核心，是品牌在市场竞争中的制胜法宝。满足顾客的直接及潜在需求的内涵，直接关系到顾客对销售服务质量的过程评价结果。

本章节的任务实施、任务评价、知识题库内容扫描二维码在线阅读、练习

任务 1.5　服装商品介绍

【思维导图】

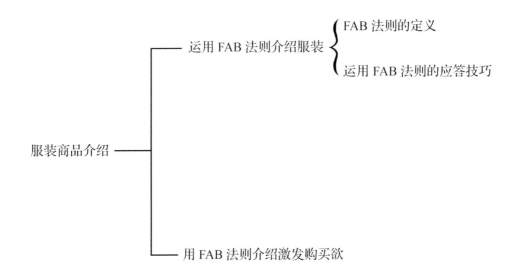

服装商品介绍 ── 运用 FAB 法则介绍服装 ── FAB 法则的定义 / 运用 FAB 法则的应答技巧

── 用 FAB 法则介绍激发购买欲

【任务导入】

服装品牌店正在进行新款促销活动，为了让顾客有一个满意的穿着体验，服装销售人员不仅要掌握相关的服装专业知识，还要学会运用 FAB 法则为顾客介绍商品。

（一）知识目标

掌握常见的服装销售问题的处理方法和技巧。

（二）技能目标

运用 FAB 法则打消顾客的疑虑，赢得顾客的信任。

（三）素质目标

培养学生良好的沟通能力和职业素养。

【知识学习】

FAB 法则可以解决服装销售中很多常见问题。所谓"三分货，七分卖"说的就是销售技巧的重要性。在服装卖场中，适当地运用 FAB 法则可以有效激发顾客的购买欲望，提高服装销售率。

一、运用 FAB 法则介绍服装

在服装店的日常服装销售中，总会遇到一些问题，这些问题的处理过程，就是你的服装销售成交与否的关键。而 FAB 法则是一种较为常用的销售技巧。服装销售人员可以运用 FAB 法则从产品属性、作用、利益等方面介绍服装以更加突出产品的亮点。

（一）FAB 法则的定义

1. 产品属性介绍（FAB 法则中 F 的含义）

属性（Feature），即产品所包含的客观现实。属性是产品本身具有的特性，例如服装产品的面料、设计特点等，属性是一种产品可以看得到、摸得着的东西，这也是一个产品最容易让顾客相信的一点。例如服装销售人员对顾客说：这款 T 恤是由纯棉面料制成的，具有柔软舒适的触感。

2. 产品作用介绍（FAB 法则中 A 的含义）

作用（Advantage），即产品的优点，能够给顾客带来的用处。作用是指产品特性所引出的优点，是从特性引发的用途。指出某款服装的独特之处和如何能够满足顾客的需求和带来益处。例如服装销售人员对顾客说：穿着这款 T 恤在运动时既舒适又透气，让您感到轻松自在。

3. 产品利益介绍（FAB 法则中 B 的含义）

好处（Benefit），即产品给顾客带来的好处，具体来说就是指作用和优势会给顾客带来的利益。例如服装销售人员对顾客说：衣服面料是棉质的，我们的服装具有吸汗的优点，穿起来很舒服。产品具有亲肤性就是给顾客带来的好处或者利益（表 1.5-1）。

表 1.5-1 FAB 法则内涵

FAB 法则内涵		
属性（Feature）	作用（Advantage）	好处（Benefit）
产品本身具有的特性	产品优点，能够给顾客带来的用处	产品给顾客带来的利益

（二）运用 FAB 法则的应答技巧

在服装销售当中，我们常见的 FAB 法则的应答技巧如下：

顾客："这件衣服看起来太一般了。"

服装销售人员："女士，您真是一个有品位的人。一般的连衣裙，您肯定是看不上的。我们这款旗袍式民族服装具有浓郁的民族特色，这款民族服装的设计不仅让您穿出了民族特色并兼具中国古典美，您要是穿着它出席宴会或者节日聚会就更凸显您与众不同的独特品位！"

要想成功推销，就要运用 FAB 法则销售技巧，激起顾客的购买欲望，并做到有的放矢，针对不同的顾客疑虑，采取不同的措施加以解决。运用 FAB 法则销售技巧，突出产品的卖点，打消顾客的疑虑，出示令人信服的证据（比如这款服装的销售业绩、产品合格证书等），证明你说的话是真实的，这样就可以令对方信服了。

图 1.5-1　FAB 法则话术图解

二、运用 FAB 法则介绍产品激发购买欲

"要知道衣服穿着好不好看，就得亲自试一试，才能真正感受出来"，这是服装销售人员常说的一句话。因为，无论如何介绍，都不如一次试穿来得有效。通过亲身试穿，顾客可以亲眼看到自己穿着服装的效果，从而更容易激发对服装的兴趣和购买欲望。

以下以一个销售场景为例，说明如何恰当运用 FAB 法则介绍产品激发顾客的购买欲望。

销售场景：服装品牌店正在进行店面促销，服装销售人员向顾客推荐一件红色的"大中国"T 恤。然而，顾客并不感兴趣。这种情况在销售中是常见的。为了打消顾客的顾虑和担忧，服装销售人员向顾客介绍这款服装，让他们对这款服装有充分的了解。一旦这款服装引起了顾客的兴趣，再邀请他们试穿，这样更有可能获得顾客的积极响应。首先对红色"大中国"T 恤进行 FAB 分析：

表 1.5-2　对红色"大中国"T 恤的 FAB 分析

序号	属性（F）	作用（A）	好处（B）
1	纯棉面料	吸水性强、不起球	柔软、易处理、易干、不会刺激皮肤、耐用
2	网眼布织法	工艺拉直、不易皱	穿着透气、舒服
3	红色	颜色鲜艳	穿起来显得特别有情怀
4	T 恤翻领	款式简约	自然、大方、紧凑

服装销售人员："小姐（先生），我们这款 T 恤采用了纯棉面料（F 属性）；当您进行运动时，穿上它既舒适又透气（B 利益）；您可以亲自感受一下面料的手感，非常好，对吧？如果您亲自试穿，感受会更好呢。您这边请。"（引导顾客再次试穿）

在与顾客交流时，服装销售人员应首先表明尊重顾客选择的立场，消除顾客的压力，然后邀请顾客进行试穿。如果顾客仍然拒绝，销售人员可以让顾客自己体验服装，并重点介绍几个主要卖点，运用 FAB 法则，然后再次邀请顾客试穿。只有这样才能激发并加深顾客对服装的兴趣，最大限度地激发顾客的购买欲望。

在使用 FAB 法则介绍服装时，服装销售人员需要注意以下几点：

① 明确顾客的需求：在介绍服装之前，了解顾客的需求和偏好，以便针对性地强调服装的特点和优势。

② 突出差异化：与其他类似服装进行比较，突出该服装的独特之处和与众不同的优势，让顾客能够感受到其独特性。

③ 使用具体的描述词语：使用形象生动的词语和具体的描述，让顾客能够更好地想象自己穿着该服装的效果和体验。

④ 引导试穿：在介绍服装后，邀请顾客亲自试穿，让他们亲身感受服装的舒适性和适合程度，以加深顾客的兴趣和购买欲望。

本章节的任务实施、任务评价、知识题库内容扫描二维码在线阅读、练习

任务 1.6　服装穿搭推荐

【思维导图】

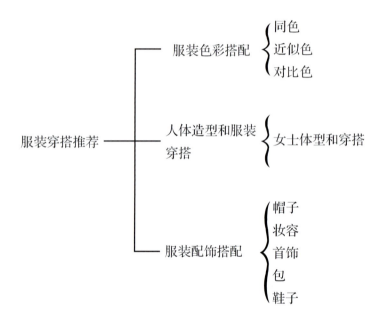

【任务导入】

服装品牌店铺正常营业，店铺店长在服装销售人员接待顾客前进行培训，指导店员根据顾客需求的情况进行服装穿搭来介绍商品，其中包括服装色彩搭配、人体造型和服装穿搭、服装配饰搭配等内容，以便更好地服务顾客，促成交易。

（一）知识目标

了解接待顾客时根据顾客需求进行服装穿搭推荐，能掌握服装色彩搭配、人体造型及服装穿搭和服装配饰搭配的方法和技巧，并对不同需求的顾客进行有效的服装穿搭推荐。

（二）技能目标

掌握服装穿搭推荐的技巧，并熟悉顾客在服装色彩搭配、人体造型和服装穿搭、服装配饰搭配等方面不同的需求，对不同的顾客在接待时规范操作的实操。

（三）素质目标

通过顾客接待中服装穿搭推荐的实操，培养敬业爱岗的职业精神和规范操作的工作素养。

【知识学习】

　　服装品牌店铺的服装销售人员根据需求重点介绍是在顾客踏进店铺要寻找服装的情况下进行，服装销售人员如果不了解顾客的需求按照自己的意愿进行盲目的商品推荐，结果可能会引起顾客的厌烦心理，并转身离开店铺。有经验的服装销售人员会愿意花更多的时间在顾客进门时热情接待，接待顾客也要因人而异，初步把握接触的时机，在交流中学会听出顾客言语中的弦外之音，科学提问探寻顾客需求，并根据顾客需求进行重点介绍，迎合顾客需要，最终达成销售。顾客的需求通常包括审美需求和实用性需求等。

一、服装色彩搭配

　　服装色彩不仅可以提升服装在形态上的表现效果，还可以升华服装的多样性，是服装搭配的重要要素。服装的色彩搭配需要搭配者对配色有一定敏感度，在细节的配色上要注意方法和技巧，这些虽说有一定难度，但还是有规律可循。了解基本的配色原理，掌握配色的技巧，就能轻松地进行搭配，自信地彰显个性。服装销售人员掌握服装色彩搭配的原理，在顾客进店时进行有效的服装搭配推荐，不仅可以引起顾客的兴趣，还能更好地与不同的顾客进行购买引导，针对顾客不同需求，进行服装穿搭推荐，进而促成交易。

（一）服装的色彩搭配方法

1. 同色系搭配

　　色彩的三要素包括：明度、色相、纯度。明度表示色彩的强烈程度，色相表示相区别的不同色彩，是色彩最大的特征，纯度则表示色彩的鲜艳程度。同色系的搭配是把色相环上相同的色相，按照明度和纯度深浅、明暗不同的两种同一类颜色进行配色，例如，深蓝和浅蓝相配、浅绿和橄榄绿搭配等。同色系搭配也称为"同一色相搭配"，是最简单、容易掌握的色彩搭配方法，呈现的搭配效果和谐，色调清晰（图1.6-1）。

2. 近似色搭配

　　近似色搭配是指两个比较近的颜色进行搭配，对比同色系搭配来说，近似色在色彩上会比较丰富和生动，视觉效果较为和谐，让人在变化中又有统一，令人赏心悦目（图1.6-2）。

图1.6-1　同色系搭配　　　　　　　　　　　　图1.6-2　近似色搭配

3. 互补色搭配

互补色搭配是指将两个相对的颜色进行配合搭配的方法，互补色搭配的色调比较跳跃，将色相差别较大的色彩搭配在一起，色彩效果会比较强烈，但如果搭配得当，将会有令人意想不到的效果，例如红色和蓝色、红色和黑色都是明度和纯度较高的颜色的搭配，但在整体的搭配上显得穿着者更加妩媚和有力量的感觉（图 1.6-3）。

二、人体造型和款式穿搭

服装销售人员在向顾客推荐服装时，要先了解顾客偏好的款式和服装风格要求，进而更有针对性地向顾客推荐符合其要求的服装，然后根据顾客的体型和穿衣风格进行适当服装穿搭推荐，对于顾客来说，这样的服务既感觉得到了尊重，又增强购买欲。（图 1.6-4）。

（一）女士体型和款式穿搭

女士体型可分为以下几种类型：Y 形、A 形、S 形、O 形、H 形（图 1.6-5）。

1. Y 形

Y 形特点：肩宽臀窄，背部较宽，胸部较为丰满，腰部有曲线，腿部较纤细，也称倒三角形。

配色注意事项：不要将亮点集中在肩部和手臂，适当地把视线集中在腰部或腰以下部位。

穿搭推荐：选择 V 领上装、宽松下装（如阔腿裤、灯笼裤或 A 字裙）（图 1.6-6）。

2. A 形

A 形特点：最为主要的特征是臀大肩小，不管胖瘦，臀部的宽度比肩部的宽度要大。

配色注意事项：不要将亮点集中在下半身。

穿搭推荐：上装选择宽松或有设计感的服装，下装则选择与上装互相协调的锥形裤、直筒小脚裤或 A 字裙等（图 1.6-7）。

3. X 形

X 形特点：女性特点最突出的身形，大多胸部丰满、腰部纤细，臀部圆润，S 形曲线明显。该体型也称沙漏形，也是服装款式选择最多的体型。

穿搭注意事项：穿衣搭配可尽情突出细腰。

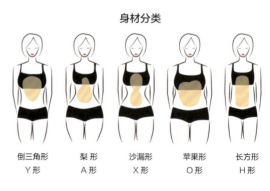

倒三角形	梨形	沙漏形	苹果形	长方形
Y 形	A 形	X 形	O 形	H 形

身材分类

图 1.6-3　互补色搭配　　图 1.6-4　根据顾客体型和穿衣风格进行
　　　　　　　　　　　　　　　　搭配推荐　　　　　　　　图 1.6-5　身材分类

图 1.6-6　Y 形穿搭推荐

图 1.6-7　A 形穿搭推荐

图 1.6-8　X 形穿搭推荐

图 1.6-9　O 形穿搭推荐

穿搭推荐：上装选择修身连衣裙、紧身套装，下装可选择喇叭裤、包臀裙、铅笔裤 、A 字裙等（图 1.6-8）。

4.O 形

O 形最突出的特点是圆润的肚子与肥大的臀部，大部分 O 形体型还略有溜肩的情况。

穿搭注意事项：尽量遮掉肚子和臀部有肉的地方，选择颜色较深、款式较为简洁的服装。

穿搭推荐：选择收腰和下摆较宽的上衣，尽量选择宽领口；下装可选阔腿裤、喇叭裤或有层次的蓬蓬裙、荷叶边裙，下装尽量选深色系（图 1.6-9）。

5.H 形

H 形的特点：肩部、腰部和臀部的宽度接近，身体最突出特征是直线条，腰部尺寸变化不明显。

穿搭注意事项：强调腰线，选择加宽肩膀和臀部设计的服装来修饰体型。

穿搭推荐：泡泡袖和垫肩上衣，宽松有腰身的连衣裙加腰带、下摆较大的 A 字裙，避免紧身衣和过于宽松的服装（图 1.6-10）。

图 1.6-10　H 形穿搭推荐

图 1.6-11　帽子与服装的搭配

三、服装配饰搭配

（一）帽子

在服装搭配中，帽子也是重要的配饰之一，帽子不仅可以遮阳、御寒、保暖，还可以在服装穿搭的整体效果中起到画龙点睛的作用。帽子的款式和风格也要与穿着的服装和谐搭配（图 1.6-11）。

（二）妆容

妆容对女性来讲是必不可少的爱美体现，不论是工作需要、场合、服装穿搭需要，妆容的加持，可以让女性的形象更加完美，其既可以增加自身美丽的需求，还可以带来积极的工作效果。但不同的穿搭风格和不同的服装搭配，所需要的妆容有所不同，无论是什么穿搭，都要配合精致、得体的妆容，起到增添风采的作用，反之，不合适的妆容会破坏自己的形象（图 1.6-12）。

（三）首饰

首饰的佩戴在服装搭配当中可以起到点缀和补充的作用，首饰与服装的得体搭配，不仅可以提升氛围感，首饰还可以成为穿搭的点睛之笔（图 1.6-13）。

图 1.6-12　得体的妆容

图 1.6-13　首饰的搭配

（四）包

包也俗称"包包"，是出行的必备搭配。不同款式的包包可以展示使用人的气质、风格、身份和背景，因此，包包在整个服装搭配中是一个重要的细节。包包可分为肩包、斜挎包、大提包、小书包、手提包、新月包、手包等。

不同大小和材质的包包给人的感觉也是不同的。男性对于包包的需求跟女性不同，男性包包主要追求实用性和身份体现。一般比较休闲的穿衣风格的人会选择简单的双肩包或斜挎包；而商务人士比较青睐手提包和手袋，让人看起来比较成熟、稳重。女性搭配的包包则追求与服装的整体搭配和谐，最好与服装的款式、风格、颜色相呼应。包的颜色也与鞋、首饰或者腰带的颜色相协调（图1.6-14）。

图1.6-14　包与服装的搭配

（五）鞋子

鞋子是服装必不可少的"伴侣"，搭配一双好看的鞋子，在一定程度上可以给人的整体形象加分，因此，在进行服装搭配时，也要重视鞋子的搭配。一般情况下，女性会更加注重鞋子色彩与服装的搭配，但随着时代的进步和潮流时尚的推进，现如今，男性对于鞋子色彩与服装的搭配也日渐丰富，粉色、黄色、白色等颜色的鞋也逐渐受到男性的青睐。如果服装是比较浅色的或者单色调的，鞋的颜色最好与衣服的颜色类似或相同；如果服装的颜色比较花，最好选择黑色的鞋子，黑色属于百搭，与服装的各种颜色都可以进行搭配。

女性的鞋子款式和颜色会有更多的选择，女鞋的种类包括高跟鞋、厚底鞋、平底鞋、单鞋、凉鞋、短靴、中靴、长靴（图1.6-15）。

图 1.6-15　鞋子与服装的搭配

三、顾客异议

顾客异议是指顾客在消费过程中对于服装销售人员推荐的服装、推销方式和交易条件存在的怀疑和不满，并提出反对或者否定的意见。

（一）颜色的异议

顾客在挑选衣服的时候，不仅要考虑衣服的款式、面料、风格，还要考虑衣服的颜色，不同的颜色可以表达不同的个性，还可以表达人的一些情绪和场合氛围，比如红色可以表达内心的喜悦、适用于喜庆的场合，黑色可以表达内心的平静、适用于庄重的场合。颜色也是顾客购买服装决策过程中重要的影响因素之一，服装销售人员可根据顾客的个性特点和顾客对颜色的偏好，向顾客推荐颜色适合的服装，为加强颜色对顾客的吸引力，在重点介绍时可以将不同颜色的优点详细列举，在询问顾客的颜色喜好时也应注意询问的话术和技巧。作为专业的服装销售人员，必须对服装的色彩和搭配知识有一定的了解，并可以根据顾客的体型和肤色等推荐和介绍合适颜色的服装。

顾客对于颜色存在的异议如下：

① 款式还可以，但颜色不太适合。

② 颜色太少了，没法选择。

③ 不是今年流行的颜色，跟不上潮流。

④ 平常穿的就这几个颜色，其他颜色我还没有尝试过，怕不适合。

话术范例：

顾客："这个款式只有这一个颜色吗？我不太喜欢这个颜色。"

服装销售人员："女士，您好，您的眼光非常好，这个款式是刚到货的新款，除了现在上架颜色之外，还有一个淡紫色，我看您的皮肤也很嫩白，淡紫色刚好也衬您的肤色和气质，您稍等一下，我去给您拿来上身试一下。"

（二）款式的异议

服装款式是指设计师对服装的廓形和样式进行的设计，多样的款式可以给顾客展现不一样的穿着效果，并且可以掩饰一部分的身材短板，增强自信心，合适的服装款式也可以让人更加具有魅力和气质。因此，服装款式也是顾客购买的决定性因素之一，顾客买到心仪的款式，购物愉快感也会增加。当然，也有些顾客会对服装的款式没有确定的要求，并且不敢尝试从未穿过的款式，这时，服装销售人员就要根据顾客的具体情况"对症下药"，用适当的鼓励方式和推销方法取得顾客的认同并促成交易。

顾客对款式存在的异议如下：

① 你们店里的款式太少了，没得选。

② 这些款式跟去年的都差不多，都没有新款。

③ 这个款式还有其他面料的吗，我不喜欢这种面料。

④ 这里的款式都没有适合我的。

话术范例：

顾客在服装店里逛了一圈后对服装销售人员说："你们店里的衣服款式太少了吧？也没有上其他新的款式，感觉都没有什么可以买的衣服。"

服装销售人员："女士，看出来您是一个非常细心的人，您说的很有道理，我们在货架上的衣服款式确实不多，但这些上架的都是精心挑选过的精品，每个款式都有不同的特色和感觉，您平时喜欢什么样的款式呢？要不我先给您搭配一套符合您气质的衣服，您先试穿，看喜不喜欢？"

本章节的任务实施、任务评价、知识题库内容扫描二维码在线阅读、练习

任务 1.7　服装试衣体验

【思维导图】

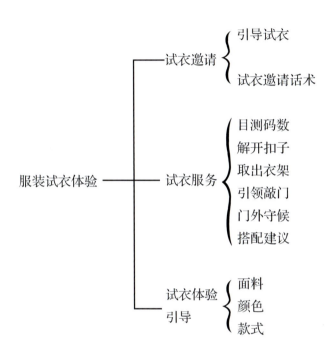

【任务导入】

服装品牌店铺正常营业，服装销售人员小张针对接待顾客前的顾客试衣体验的情况进行分析和设计，其中内容包括试衣邀请、试衣服务、试衣体验引导等操作，在接待客户前，服装销售人员需要对这个试衣体验的情况进行预案，以便更好地促成交易。

（一）知识目标

了解接待顾客试衣体验的要求以及如何正确引导顾客进行试穿，并能掌握试衣邀请、试衣服务、试衣体验引导中正确的处理方法和话术技巧。

（二）技能目标

掌握店铺接待的技巧，并熟悉试衣邀请、试衣服务、试衣体验引导规范操作的实操。

（三）素质目标

通过店铺服装试衣体验接待的实操，培养敬业爱岗的职业精神和规范操作的工作素养。

【知识学习】

服装店铺顾客试衣体验主要在顾客对服装有试穿体验需求的情况下进行，并且试衣体验过后的交易成功率很大。真实的穿着体验，能让顾客更直观和直接感受服装穿着效果，促进产品的销售。试衣体验通常包括试衣邀请、试衣服务、试衣体验引导等。

一、试衣邀请

（一）引导试穿

顾客在逛服装店时，可能只是随意逛逛，并没有试穿体验的意思，这时服装销售人员适当鼓励试穿，对于顾客的购买决定很关键。在服装销售过程中，试衣体验的效果往往是顾客决定是否购买的主要原因。顾客的顾虑主要有试穿必买顾虑、价格太贵顾虑、试穿麻烦顾虑等。因此，服装销售人员应该针对不同顾客，采用不同的邀请方式（图 1.7-1）。

图 1.7-1　引导试穿

（二）试穿邀请话术

试穿邀请话术是服装销售人员在邀请顾客进行试衣体验过程中的话术表达。礼貌的邀请话术表达配合邀请动作会让顾客更有亲切感，正确的引导方式有：当客人把服装放在身上比划看效果时，服装销售人员可以语言邀请的同时在顾客身侧做出请的动作，并帮顾客将试衣间的门打开，顾客会顺势走进试衣间，从而有效地引导顾客进行试衣体验。

试穿邀请话术是服装销售人员与顾客沟通最直接的方式，正确的邀请话术可以更有效对顾客的试衣体验进行有效引导，从而促成销售。

二、试衣服务

试衣服务就是顾客在试衣体验过程中，服装销售人员以适当的方式向顾客提供产品和服务。良好的服务不仅能扩大产品销售，还能在一定程度上满足顾客的需求，随着生活水平的提高，当今人们对于服务的要求日益增加，充分满足顾客对服务的需求，为其提供方便、节约时间、心情愉悦是服务重要的目标。试衣服务的内容包括目测码数、解开扣子、取出衣架、引领敲门、门外守候、搭配建议等。

（一）目测码数

目测码数是在顾客进行试衣体验过程中，服装销售人员进行的专业服务。作为服装销售人员，做到专业服务最基本的要求是目测码数，能根据顾客的大致身形提供合适的码数进行试衣。专业服务能体现专业的价值，让顾客对服装销售人员的专业信任感加强和认同（图1.7-2）。

（二）解开扣子

在顾客试衣前，能将所试衣服的扣子解开，或者帮助顾客将拉链拉开。这些分内的服务，对于顾客来说也是专业服务的体现（图1.7-3）。

（三）取出衣架

取出衣架，这是为顾客的服务，也是服装店铺有效的防盗技术之一。服装销售人员在顾客试衣前取出衣架，然后将衣架归置到相应位置，顾客试穿完成之后进行服装数量核对，可以防止顾客在试衣混乱当中顺手牵羊（图1.7-4）。

（四）引领敲门

服装销售人员一定不要怕麻烦地去做"引领敲门"这个服务，有一些顾客在试衣的时候，会有忘记扣锁的情况，服装销售人员在服务的现场将引领敲门作为服务的标准动作来执行，这也是店铺在复杂情况下避免纠纷的最好处理方法（图1.7-5）。

图1.7-2　目测码数

图1.7-3　解开扣子

图1.7-4　取出衣架

图1.7-5　引领敲门

图 1.7-6　门外守候　　　　　　　　　　　图 1.7-7　搭配建议

（五）门外守候

门外守候是顾客在进行试衣体验时，服装销售人员守在试衣间门外的动作。服装销售人员可告知顾客自己就在门外，有任何需求可以随时呼唤，比如换尺码、换颜色等，细致的服务会让顾客感到暖心（图1.7-6）。

（六）搭配建议

顾客在试衣时有时只会挑选自己喜欢的服装，但不一定适合自己，这时服装销售人员应结合自己的专业知识给予顾客相应的搭配建议，或者将搭配好的款式拿在手上，以便客户需要，必要时还可以准备一些首饰、帽子、包包、鞋子等为顾客作为搭配，给顾客提供更好的试衣体验服务（图1.7-7）。

三、试衣体验引导

试衣体验效果是整个服装销售环节中的关键，能刺激顾客发生实质性的购买行为。因此，在这个环节，服装销售人员既要把最符合顾客需求和激发顾客购买欲望的卖点进行说明，也要对顾客的试衣体验进行正确的引导，以便促成交易。整个试衣体验过程引导内容包括材质、颜色、款式等，材质和颜色也是消费者产生购买欲的决定性因素。

（一）面料

在试衣体验过程中，服装的材料和质地是消费者马上能感受到的触感体验，这也是影响消费者购买欲的重要因素，试衣体验过程的穿着舒适度还有消费者对健康的要求都与服装材料和质地息息相关，不同年龄段、不同体型的消费者对于这方面的要求也大不相同，因此，面对不同的消费人群，服装销售人员要根据消费者的具体需求进行推荐。

随着面料开发技术的进步，服装面料的种类越来越丰富，服装面料的性能也更加符合消费者的需求，随着生活水平的提高，消费者对于服装面料的选择要求也更加具体化，包括舒适、亲肤、速干、透气、健康等。作为一个优秀的服装销售人员，除了具备专业的销售知识，对于服装面料的把控和面料市场更新信息要及时掌握，在面对顾客的时候才能更有底气。在与顾客的沟通交流过程中，服装销售人员要了解顾客对服装面料的要求，或者通过直接询问的方式了解顾客对面料的偏好，例如：中老年的消费人群会倾向于实用性、舒适性较好的材质，偏胖体型的人群会偏向轻盈的面料质地，不选显臃肿的服装面料，以此来适当掩饰自己身材比例的劣势。部分顾客对服装面料有过敏的，服装销售人员在引导过程中要首先了解顾客

图 1.7-8　介绍面料

图 1.7-9　推荐搭配的颜色

的情况，并利用自己的专业知识帮顾客列举一些引起顾客过敏的面料成分，并在给顾客进行试衣体验引导时不要将可能引起顾客身体过敏的服装面料推荐给顾客（图 1.7-8）。

（二）颜色

由于消费者的观念不同，对于颜色上的选择也会有不同，思想较为传统的消费群体对于颜色的要求会偏向于稳重的深色系。不同的年龄段和不同体型的消费群体对于颜色的要求也存在着差异，例如，中老年人体型偏胖的消费者会比较偏向深色系，而时尚、活泼且体型较瘦的年轻人会偏向浅色系。

在正常情况下，顾客对服装销售人员在试衣体验引导过程中推荐的颜色存在异议有以下三个方面的原因：一是顾客从未穿过推荐的颜色，下意识觉得不适合自己；二是顾客没有搭配的技巧，不懂如何穿；三是在日常生活中有看到搭配或穿着该颜色的失败例子。因此，对于如何让顾客消除顾虑，尝试不同的颜色是服装销售人员在试衣体验引导过程中应解决的问题。

首先，要学会倾听顾客的疑虑的真正原因，并针对性地对有类似异议的顾客加以解释和说明，在推介过程中要从顾客的角度和感受出发，利用服装销售人员具备的专业知识和真诚，正确引导顾客，让顾客对固有的观念和认识有所改变，并结合顾客本身的特点解释其中的利益和好处，增加说服力。更直观的方法就是将推荐的颜色以不同的搭配效果进行演示，让顾客进行不同效果的试衣体验，从而让顾客有切实的感受，从而增加交易的成功率（图 1.7-9）。

在顾客体验过程中和试衣后也可以按照以下内容进行针对性服务：

① 主动帮助顾客整理衣服、扣上扣子、拉上拉链、系蝴蝶结等。

② 邀请顾客到试衣镜前看试衣效果，并询问顾客的试衣感觉。

③ 学会赞美顾客，并准确恰当地介绍服装的特点和穿着后的整体效果。

④ 根据不同的顾客，提出合理建议的搭配，可促成连带销售。

⑤ 主动说明店铺现有的活动和折扣，促成交易。

（三）款式

服饰的款式是色彩与面料的载体，在款式的千变万化中，同样色彩、不同款式之间的不同组合构成了丰富的服饰面貌。服饰的款式涉及廓形、内部线条以及细节的设置等方面，直接决定着服饰搭配的整体效果。

1. 廓形和线条

服装廓形对服饰的整体效果起关键的作用，我们可以借助不同廓形的搭配来改善整体形象。服饰搭配离不开上下装、里外装之间的组合，由于廓形是服装外沿周边的线条，因此服饰搭配所考虑的廓形关系主要指的是上下装之间的结合（图 1.7-10）。

2. 细节

服装的细节主要是指领子、袖子、口袋等零部件的设计，口袋、扣子等服装零部件与绣花、镶边等工艺一样，某种程度上也属于服装装饰手法的一种表现形式（图 1.7-11）。

图 1.7-10　服装廓形和线条

图 1.7-11　服装的细节

本章节的任务实施、任务评价、知识题库内容扫描二维码在线阅读、练习

任务 1.8　异议处理的技巧

【思维导图】

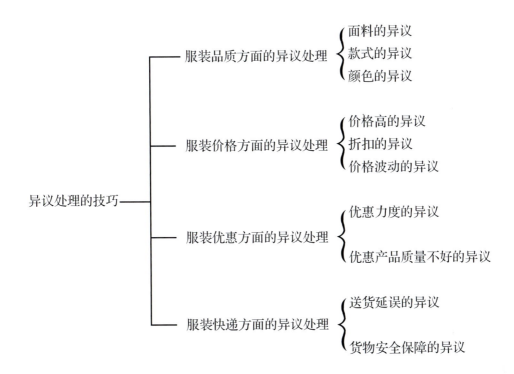

异议处理的技巧
- 服装品质方面的异议处理
  - 面料的异议
  - 款式的异议
  - 颜色的异议
- 服装价格方面的异议处理
  - 价格高的异议
  - 折扣的异议
  - 价格波动的异议
- 服装优惠方面的异议处理
  - 优惠力度的异议
  - 优惠产品质量不好的异议
- 服装快递方面的异议处理
  - 送货延误的异议
  - 货物安全保障的异议

【任务导入】

6月18日，服装品牌店做年中大促活动，服装销售人员小陈在接待顾客的过程中，有顾客对衣服的品质、价格、优惠、快递等方面提出了异议，小陈该如何解答呢？作为服装销售人员，我们应该如何应对？

（一）知识目标

了解顾客异议的类型及产生原因；能正确对待顾客异议，掌握处理顾客异议的技巧。

（二）技能目标

能准确分析顾客对服装品质、价格、优惠、快递产生异议的原因，并正确运用异议处理技巧解决顾客提出的异议。

（三）素质目标

通过对顾客对服装品质、价格、优惠、快递异议的处理，培养爱岗敬业的职业精神和民族服饰文化的认同感、文化自信。

【知识学习】

服装销售人员在销售工作中，会面对形形色色的顾客，顾客可能对产品的品质、价格、优惠、快递等方面产生异议。服装销售人员要学会分析顾客产生异议的原因，并有针对性地采取相应的应对措施，就更容易达成销售目的。

一、服装品质方面的异议处理

（一）面料的异议

服装面料不仅可以呈现服装的风格和特性，还给顾客提供不同的穿衣感受。品牌服装的面料采用棉、麻、毛为主，顾客购买服装，注重的是面料的贴合度、舒适度及手感等（图 1.8-1）。顾客对面料方面的异议有的的确是面料本身不足产生的，有的则是偏见、借口等导致的异议。服装销售人员要用正确的态度应对顾客的异议，再运用恰当的方法和技巧消除顾客的异议。

顾客对面料存在的异议：

① 面料看起来很廉价。

② 棉麻的面料太容易褶皱。

③ 棉料的衣服容易缩水还容易褪色。

④ 羊毛衫很容易起球。

⑤ 这个面料不环保。

话术范例：

顾客："这件连衣裙的面料是棉料的，看起来太廉价了。"

服装销售人员："女士，您眼光真好！我们服装品牌店的衣服追求的是自然品质，面料采用的是高品质的新疆棉，这件连衣裙采用的是 37mm 以上的超长棉，不会起静电，质地柔软的同时，吸水性还很好，穿着舒服透气。您穿上我们的连衣裙，更体现国潮范，您上身试试看！"

图 1.8-1　不同花色的面料

异议处理技巧：

① 服装销售人员保持自信。

② 尊重顾客的异议。

③ 站在顾客的角度考虑顾客的利益。

④ 将服装的优势凸显出来。

（二）款式的异议

服装款式通常是指服装的样式（图 1.8-2）。有时，顾客会对服装的款式存在单一的认识或偏见，也会有走在潮流前端的顾客对服装款式表示款式老旧，没有新意，那么服装销售人员要能够具体分析，然后运用恰当的方法取得顾客的支持和认同。

顾客对款式存在的异议：

① 你们品牌的衣服款式太少了。

② 这件衣服的款式和去年的款式一样。

③ 你们服装品牌店的新款式上市太慢了。

④ 这种面料的衣服还有没有其他款式。

⑤ 这种款式我没有穿过，不适合我。

话术范例：

顾客："你们店的衣服款式也太少了吧，感觉没有可以买的衣服。"

服装销售人员：女士，您真是个心细的人。虽然我们品牌店展示的衣服款式不多，但是每款都是将中国传统文化元素和时尚元素融合，具有浓郁的中式风格，同时我们店的衣服也都是经过精挑细选的精品款式，每一件都独具特色，既经典又不容易撞衫呢。现在刚好有几款特别适合您的身材和气质，您要不要上身试一试？

异议处理技巧：

① 服装销售人员保持自信。

图 1.8-2　服装品牌店不同的服装款式

② 理解顾客的异议。

③ 面对顾客的异议表示认同，借助其他因素弱化顾客的异议。

④ 突出产品的优势。

（三）颜色的异议

服装的颜色可以使人的肤色和体态达到完美的契合，服装的颜色可以扬长避短，展示自身的身材优势，从而提升个人魅力。人们会根据体型、肤色去选择服装的颜色，不同的年龄阶段、不同的观念都会影响选择衣服的颜色。通常人们会因为从来没有穿过某种颜色、不知道某类颜色该如何搭配、某类颜色不显气色等原因提出异议。服装销售人员应从专业角度给顾客正确的分析，并推荐适合顾客颜色的衣服及搭配方法（图 1.8-3）。

顾客对衣服颜色存在的异议有：

① 店铺里的衣服颜色太少了。

② 这个颜色的衣服不太适合我的年龄。

③ 这个颜色的衣服不耐脏。

④ 这个颜色的衣服太让肤色显黑了。

⑤ 这个颜色太显胖了。

话术范例：

顾客："这件连衣裙的颜色不适合我，这个红色太鲜艳了。"

服装销售人员："女士，这件连衣裙的红色是'中国红'，在中国古代，红色是高贵富有的象征，还有欢乐、喜庆、顺遂的意义，这个'中国红'非常适合您高挑的身材和白皙的肤色，不仅让气色显得更红润，还非常符合您的气质呢，您要上身试一试吗？一定会让您收获惊喜的。"

图 1.8-3　服装品牌店服装——连衣裙

异议处理技巧：

① 倾听顾客的异议。

② 理解顾客的异议。

③ 解答顾客的异议，努力让顾客认同并接受。

二、服装价格方面的异议处理

价格往往是影响顾客购买服装的重要因素之一，是最棘手的异议，也是最敏感的异议，因为价格直接涉及了顾客的实际利益，是最考验服装销售人员处理异议的能力的，服装销售人员能否正确地处理，直接关系到交易的成败。

（一）价格高的异议

在服装买卖中，顾客最经常提出的质疑是价格太高了，这可能是由于顾客对服装价值的不了解、不认同引起的，也有可能是顾客的购买习惯、购买经验、自身认知等的影响，从而让顾客对服装的价值产生了不值和价格虚高的初步判断。服装销售人员面对价格高的异议，应能够做到运用专业知识解释服装本身的价值，如面料、剪裁、做工等，用专业且通俗易懂的语言使顾客明白服装的价值，并认同。

顾客对服装价格方面存在的异议：

① 那家 XX 品牌的衣服和你们家衣服款式几乎一模一样，价格比你们低很多。

② 店里的衣服款式、做工我都挺满意的，就是感觉价格高了。

③ 这不是普通的化纤面料吗，为什么价格这么高。

④ 我是真心想要买的，再便宜点，我就买了。

话术范例：

顾客："那家 XX 品牌的衣服和你们家衣服款式几乎一模一样，价格比你们低很多。"

服装销售人员："女士，您提到的这种情况我们有了解，市场上有几乎一样的款式，但是您仔细观察是能看到差别的，我们服装品牌店的衣服从设计、做工到面料都是经过层层把关的，我们采用的是 37mm 以上超长绒的高品质新疆棉，质地柔软，穿着舒服透气，为的就是给顾客最舒服的体验。如果一件衣服穿着不舒服，再便宜的价格，相信您也不会选择的。"

异议处理技巧：

① 理解顾客的异议。

② 强化产品的价值和优势，不诋毁竞品，把价格问题转变成价值问题。

③ 站在顾客的立场，维护顾客利益。

④ 满足顾客的合理要求。

（二）折扣的异议

折扣就是变相降价，折扣其实就是用利益打动顾客，可以让顾客在心理上得到满足，从而激发顾客的购买欲望（图 1.8-4）。服装店刚上市的新款几乎是没有折扣的，甚至有些款式全年没有折扣，这种情况下顾客会对折扣产生异议。服装销售人员要正确分析顾客产生的异议心理，站在顾客的角度为顾客着想，分析打折与不打折的利与弊，用利益打动顾客。

图 1.8-4　店铺折扣优惠活动现场

顾客对服装折扣方面存在的异议：

① 新款时不打折，后期会有折扣的．

② 折扣力度太小了。

③ 为什么你们店里的衣服全年都没有折扣。

话术范例：

顾客："你们店里的衣服新上市的时候没有折扣，可到后面折扣好低，等降价的时候再买。"

服装销售人员："女士，您的心情我非常理解，这种情况确实会让人心里不舒服。但是折扣都是在换季的时候出来，那时很多尺码都不齐全了，而且服装穿的就是流行和时尚，这件连衣裙是我们的新款，领口加入了特殊的绣花工艺，非常的精致、独特，特别符合您的气质。从穿的次数来看，现在买更划算，可以穿一整季。"

异议处理技巧：

① 服装销售人员要保持自信。

② 理解顾客的异议。

③ 强化产品的价值，用产品优势打动顾客。

④ 借助其他因素弱化顾客的异议。

（三）价格波动的异议

相同的商品在不同的时间会有不同的销售价格。价格跟生产成本和供求有关系，当生产成本低，供大于求的时候，价格就会下降；当生产成本高，供不应求的时候，价格自然就上升了。顾客对价格的这种上下波动会产生异议，特别是用高价买相同商品的顾客。服装销售人员要表现出关怀和理解，解释说明价格波动的原因，用真诚赢得顾客的认可。

顾客对价格波动方面存在的异议：

① 这件衣服怎么比上星期看的时候价格贵了。

② 你们的衣服不同的时间段怎么价格不一样的。

③ 这个时候买是价格最低的时候吗？

话术范例：

顾客："这件衣服的价格怎么比上星期看的时候贵了。"

服装销售人员："女士，您的眼光真好，这件衣服是本店最畅销的。我来跟您解释一下价格上涨的原因，上星期的价格低是因为有庆典活动，又因为这批货是新到的，用料的成本比之前高，所以价格也会高一些，现在库存已经不多了。"

异议处理技巧：

① 倾听顾客异议。

② 对顾客异议表示理解。

③ 强化产品的优势，将顾客的注意力转移到产品价值上。

三、服装优惠方面的处理

（一）优惠力度的异议

优惠力度会刺激顾客产生购买行为，是影响顾客购买产品的因素之一，若能让顾客产生获利感，便有助于交易的成功。面对顾客提出的优惠力度的异议，服装销售人员要摆正态度，沉着冷静地分析并判断顾客提出的异议是真异议还是假异议。不想购买的顾客会用假异议来拒绝购买，实际上是对商品没有兴趣，是一种借口。那么服装销售人员要认真对待，正确理解，分析顾客的心理，从根本上为顾客解答，消除顾客的异议。

顾客对优惠力度方面存在的异议：

① 你们店里的衣服优惠力度太小了。

② 你们服装品牌店的优惠力度没有 XX 品牌大。

③ 能再多给优惠吗？

话术范例：

顾客："你们店的优惠力度没有 XX 品牌大。"

服装销售人员："女士，我们的衣服优惠力度确实不算大，因为我们的衣服不是靠优惠力度，而是靠衣服的品质取胜的。因为采用的是高品质的新疆棉，所以我们服装品牌店的衣服在面料、做工、贴合度和舒适度上都是相当不错的，质量远优于普通的棉纱材料，您是常客，更有深有体会，这也是您选择我们的原因吧。"

异议处理技巧：

① 服装销售人员要摆正心态，冷静分析。

② 强化产品的价值。

③ 不与顾客争辩。

④ 维护顾客的利益。

（二）优惠产品质量不好的异议

顾客对优惠的产品抱有褒贬不一的看法，有的顾客认为经过优惠降价的产品不是有质量问题，就是积压的库存货。面对顾客产生的此类异议，服装销售人员要用真诚的态度获得顾客的好感，同时用有力的证据说服顾客，取得顾客的信任。

话术范例：

顾客："这件连衣裙怎么打折这么厉害，是不是质量有问题？"

服装销售人员："女士，您有这种顾虑我非常能理解，但我可以负责任地告诉您，这件连衣裙是特价，但是产品的质量是没有问题的，是为了回馈老顾客才有的降价优惠活动，我们品牌的衣服全都是采用高品质新疆棉的，我们品牌的好口碑您完全可以放心地挑选。"

异议处理技巧：

① 认同顾客的感受，获得顾客的好感。

② 真诚、耐心地服务顾客。

③ 将顾客的注意力转移到产品的优点上。

④ 维护顾客的利益。

四、服装快递方面的异议处理

快速便捷的网购深得人们的喜爱，足不出户就可以购遍天下，快递服务得到网购一族的热捧，但快递作为物流业的重要组成部分之一，其中也有不少问题。

（一）送货延误的异议

随着电商行业的高速发展，网上购物成为越来越多消费者的选择。顾客在网购衣服时，最关心的问题之一是能不能按时送达目的地。面对顾客的异议，服装销售人员要学会换位思考，站在顾客的立场分析异议，用同理心正确处理异议。

话术范例一：

顾客："衣服需要邮寄多少天能送到？"

服装销售人员："女士，您好，根据您的地址，快递大概需要3～5天的时间，若快递因为天气等原因延迟，我们会第一时间联系您。"

话术范例二：

顾客："都一个多星期了，快递怎么还没有送到？"

服装销售人员："女士，您消消气！有可能是在物流分拣时某个环节漏发、错发了，造成快递晚点；或者是快递因运输途中某些特殊原因发生了延误，也有可能是需要派送的货品太多，没有及时送达。经过查询，您的货品已经送到站点，马上联系派送员尽快为您派货！"

异议处理技巧：

① 服装销售人员放松情绪，正确对待。

② 安抚顾客的情绪。

③ 站在顾客的立场上听异议。

④ 不与顾客争辩。

（二）货物安全保障的异议

快递具有快速方便的优势，是网购一族的便利工具，也是传递文件、物品等重要的手段。然而，在物流运转过程中，不可避免地会发生损坏、丢失等现象，因此网购的顾客对货物的安全保障存有异议。面对顾客的异议，服装销售人员要学会换位思考，站在顾客的立场分析异议，用同理心正确处理异议。

话术范例：

顾客："我听说快递运输很粗鲁，会不会把衣服弄坏？"

服装销售人员："女士，您的担心是正常的，因为快递运输需要经过多个分拣点，在运输中也会遇到极端天气，但是请您放心，我们的包装是能够抗压、抗摔并且防雨的，如果您收到的衣服有质量问题，我们将全额退款！"

异议处理技巧：

① 尊重顾客的异议。

② 服装销售人员保持正确心态，正确对待。

③ 安抚顾客的情绪。

④ 站在顾客的立场上为顾客考虑。

⑤ 不与顾客争辩。

【处理顾客异议的原则】

① 服装销售人员要保持自信。

② 倾听顾客的异议，展现出尊重和关注的态度。

③ 保持冷静和专业的态度，不要与顾客产生争执或做出情绪化的回应。

④ 在处理顾客异议时，保持灵活性和适应性。

⑤ 积极主动地行动和提出解决方案，赢得顾客的满意和信任。

本章节的任务实施、任务评价、知识题库内容扫描二维码在线阅读、练习

任务 1.9 交易促成的方法

【思维导图】

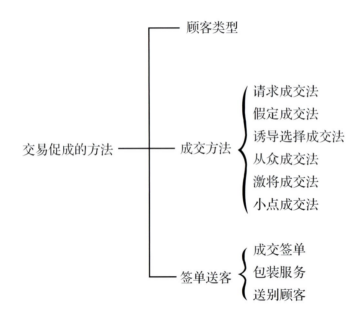

【任务导入】

面对纠结的顾客，正确应用掌握的成交方法促成交易。

（一）知识目标

掌握顾客的类型并进行分析，掌握成交的方法、送别顾客的注意事项。

（二）技能目标

会分析顾客的类型，通过运用各种具体成交的方法来促成成交，通过掌握送别顾客的注意事项来完成交易。

（三）素质目标

培养学生坚韧的毅力，培养学生的团队协作能力，培养学生诚实守信的职业道德。

【知识学习】

一、顾客类型的分析

① 急躁型：容易发怒。在与这类顾客互动时，需要谨慎选择语言并保持礼貌的态度，避免过于亲近。为了避免顾客等候，要迅速、敏捷地处理顾客的事情。

② 胆怯型：羞怯畏缩。在与这类顾客接触时，要仔细观察他们的表情和动作，并提供引导、保证和支持，帮助他们克服不安和担忧。

③ 健谈型：特别爱说话。对于这类顾客，需要耐心倾听，不要打断他们的话。同时，要抓住机会让话题转到与服装相关的主题上，以确保能够与顾客就服装进行有效的交流。

④ 博学型：具有广泛的知识和见识。要对这类顾客的学识表示赞赏，并分析他们的兴趣和喜好，以推荐适合他们的产品。

⑤ 自我型：拥有强烈的自我优越感。要倾听并顺应顾客的自我主意，尽量在适当的时候征询他们的意见，让你的建议成为他们自己的主意。

⑥ 怀疑型：持有戒备心理，对他人不太信任。通过询问方式了解顾客的疑虑，并确保你所提供的信息真实可信。

⑦ 沉稳型：表现出认真倾听，但迟迟不做购买决定。要明确表达产品的卖点，并与顾客的个性特征相符合。透露产品受欢迎或限量供应等供给不足的信息，以增加顾客对购买的决心。

⑧ 内向型：通常话语不多，不善于表达，选择过程长且犹豫不决。在接待过程中，要保持一定的距离，给予顾客自由的空间。根据顾客的心理接受程度，适时夸奖对方的确切优点，引发话题，增强顾客的信心。

⑨ 好胜型：总是渴望证明自己是正确的。在推荐商品时，要尊重顾客的意愿和情绪。在给顾客建议时，要充满自信，让他们感受到你的专业能力。

⑩ 条理型：行事缓慢，经常进行权衡。向顾客介绍产品时要条理清晰。你的解说必须简洁明了，有理有据。

⑪ 嘲弄型：爱说刻薄话或风凉话。保持平和的心态，不要被顾客的语言或行为激怒。对顾客嘲弄的语言，可以用"您真幽默"或"您真是个风趣的人"来化解。

⑫ 理智型：喜欢自己做主，不愿别人过多介入，购买时不动声色，善于比较，不急于作出决定。尊重顾客的意愿，夸奖顾客的眼光。从专业角度对货品的特征做补充说明。

⑬ 随意型：没有明确的购买目标，愿意听取他人建议，不过于挑剔。了解顾客需求，让顾客感觉提出的建议出发点是为他们着想，适可而止，不过多推荐。

⑭ 冲动型：反应快，易受外界影响，下购买决定快，行为受情绪的影响。

二、成交方法

（一）请求成交法

请求成交法，又称直接成交法，是销售人员主动向客户提出购买要求，直接要求客户购买所销售商品的一种方法。通过该方法，销售人员直截了当地向客户表达购买意愿，以促使客户作出购买决策。例如，一位中年女士对销售人员推荐的一款真丝面料的裙子很感兴趣，反复询问它的材质和价格，但又迟迟不做购买决定（图1.9-1）。这时，销售人员可以用请求成交法帮助她做出购买决定："这件真丝裙，夏天穿起来既轻盈又凉快，现在买下它价格可以给您九折优惠，您一定会感到非常满意的。"

使用请求成交法的优点：

① 促成交易迅速：请求成交法能够直接引导客户做出购买决策，减少决策过程中的犹豫和延迟，从而快速促成交易。

② 充分利用成交机会：该方法使销售人员能够充分把握各种成交机会，通过主动要求客户购买，不错过任何可能的销售机会，提高销售额。

③ 提高工作效率：请求成交法能够节省销售人员的时间，避免不必要的漫长销售过程，提高工作效率，使销售人员能够更多地专注于其他销售活动。

④ 展现销售精神：使用请求成交法展示了销售人员的灵活性、机动性和主动进取的销售精神，体现了他们积极主动地为客户提供产品和解决方案的态度，增强客户对销售人员的信任感和好感度。

图 1.9-1　真丝连衣裙展示

（二）假定成交法

假定成交法，亦被称为假设成交法，是销售人员在设想客户已经接受销售建议并表示同意购买的假设前提下，通过提出具体的成交问题，直接要求客户购买销售产品的一种方法。这种方法基于销售人员对客户意愿的合理推测，以主动引导客户进入成交阶段，促使交易迅速达成。例如，"姐姐您看，我们这款全棉针织睡衣轻薄柔软，能很好地呵护肌肤。想象一下，穿着这款舒适的睡衣，随意地躺在家里的沙发上，听上一两曲轻音乐，您工作了一天的疲劳就全部消失了。您说是不是这样呢？"就是把好像拥有以后那种视觉现象描述出来。

假定成交法的优点：

能够节省时间，提高销售效率，并且有效地减轻客户在成交过程中的压力。通过假设客户已经接受销售建议并表示同意购买，销售人员能够直接引导客户进入成交环节，省去了一些繁琐的步骤和冗长的谈判过程，从而加快交易的完成。

（三）解除疑问法

解除疑问法，又称异议解决法，是指在成交阶段，当顾客提出异议时，销售人员通过针对性地解答，解决顾客提出的疑问，推动销售成功的一种方法。销售人员需要通过巧妙咨询顾客的异议，有针对性地解答顾客的疑问，以消除顾客的顾虑，增强其对产品或服务的信心。例如，"除了这个价格问题，没有其他问题影响您购买这套衣服了吧？""以前我和您有同样的想法，您看这个问题是这样的，我们品牌很少有降价活动，但是如果您或者您的朋友有我们的会员卡的话，可以享受一定的折扣，您看您是金卡还是金钻卡呢？"

（四）诱导选择成交法

诱导选择成交法是一种销售策略，其核心在于向客户提供多种购买方案，并要求客户从中选择一种方案进行购买。销售人员在销售过程中应准确捕捉顾客的购买信号，先假设成交已经发生，然后引导客户在给定的选择范围内做出决策。诱导选择成交法的关键在于避免直接问客户是否购买的问题，而是通过提供多个可选方案来引导客户做出选择。例如，"衣服您是要这两件，还是那两件呢？""还有您看您是拿大码呢？还是中码？"这都是选择成交法（图1.9-2）。

诱导选择成交法的优点：

可以减轻客户的心理压力，制造良好的成交气氛。从表面上看，诱导选择成交法似乎把成交的主动权交给了客户，而事实上就是让客户在一定的范围内进行选择，可以有效地促成交易。

图1.9-2　两件套展示

（二）包装服务

签单后服装的包装。签单后的服装包装阶段是为了确保顾客购买的服装在交付和使用过程中能够保持良好的状态。通过精心的包装处理，销售人员可以提供一个令顾客满意的服务体验，并增加顾客对品牌的认可和忠诚度。

① 包装准备：销售人员在确认购买决定后，会为顾客准备适当的包装材料和方式。这可能包括选择适合服装的包装袋、盒子、纸张、塑料薄膜等，确保包装能够保护服装并保持其完整性和品质。

② 商品标识：在包装过程中，销售人员会将相关的商品标识、标签和价签附在服装上。这些标识可能包括品牌名称、商品信息、尺码、价格等，以便顾客在使用或出售服装时能够清楚地识别和了解相关信息。

③ 提供礼盒或礼袋（可选）：如果顾客需要购买礼盒或礼袋，销售人员可以提供适合的选项。这有助于顾客在购买服装作为礼物时增加礼品的质感和吸引力。

④ 细致包装：销售人员要细致耐心地将服装进行包装，确保每一件服装都被妥善处理。他们可能会折叠、摆放、卷起或将服装放入袋子或盒子中，以确保服装的外观整洁，同时确保服装免受损坏。

⑤ 顾客满意度：在包装过程中，销售人员还应注重顾客的满意度。他们可以主动询问顾客对包装方式的偏好，并根据顾客的要求和意见进行调整，以确保顾客对包装结果满意。

（三）送别顾客

① 放下手中其他事务，专注陪同顾客走向服装店门口。

② 提醒顾客清点随身携带的物品，确保没有遗漏，并提供销售与服务的相关单据。

③ 如果之前没有交换过联系方式，可以礼貌地请求添加顾客的微信号，以便保持联系和提供后续的服务。

④ 真诚地表达对顾客的感谢，感谢他们光临本店，并表示期待下次再见面。挥手致意，目送顾客离去。

本章节的任务实施、任务评价、知识题库内容扫描二维码在线阅读、练习

工作领域二：服装短视频营销

任务 2.1　服装短视频平台调研

【思维导图】

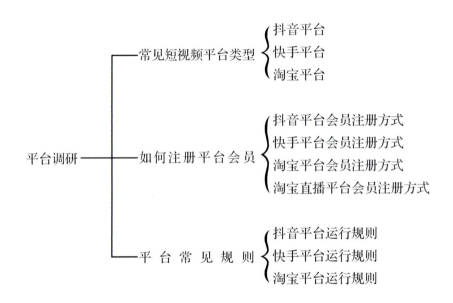

【任务导入】

由于短视频平台如抖音、快手和小红书等的普及，越来越多的服装品牌商家开始进军这个领域，目的在于争夺这些平台上的流量。为迅速打开短视频平台市场，需要根据自身服装产品品牌特点，对各类短视频平台的类型特点进行了解分析，掌握平台入驻程序、运行规则等基础操作。

（一）知识目标

了解短视频平台的类型、注册方式、平台运行规则，并能掌握平台注册的操作技巧。

（二）技能目标

能识别短视频平台类别，并熟悉平台注册方式、运行规则，掌握平台注册的实操技巧。

（三）素质目标

通过平台注册的实操，培养敬业爱岗的职业精神和规范操作的工作素养。

【知识学习】

短视频平台入驻是产品进行短视频推广发布的第一步。精准的平台定位可以有效吸引消费者的目光，引流平台数据，促进产品的销售。短视频平台入驻通常包括选择平台类型、了解平台规则、完成平台注册等。

一、常见短视频平台类型

（一）抖音平台

抖音是一款创意短视频社交软件，该 APP 平台以"记录美好生活"为品牌宣传口号，力图创建一个面向全年龄层次的短视频社区社交媒体（图 2.1-1）。

2023 年抖音热点推送报告显示，"母亲节快乐"成为 2023 年 5 月抖音用户最爱的热点视频之一，相关视频播放量超过 1 245 万次；西安街头氛围已经拉满相关视频在榜 1 小时，热度已经达到 1 101 万。2020 年 10 月，抖音发布官方宣言，淘宝、京东等第三方平台的商品不再允许进入直播间，带货必须使用"抖音小店"。同时，主播人数也出现了裂变，在"交个朋友"的厂牌下，签约了多位知名主播，内部也孵化出了一批主播，未来会继续分化、重组，形成直播矩阵。

（二）快手平台

快手是北京快手科技有限公司旗下的手机短视频应用平台。该 APP 平台以"拥抱每一种生活"为品牌宣传口号，力图创建一个让用户和商家在平台上可以进行有效互动的内容社区和社交平台。快手平台推崇每个人的故事都值得被记录，追求用科技提升每个人的独特幸福感（图 2.1-2）。

快手利用计算机视觉和机器学习，为用户提供一系列滤镜、贴纸和增强现实效果，进而给用户带来了更富有活力的视频内容。例如，用户可以使用 AI 卡通动画角色的面部表情合成视频效果，通过平台分享向他人传播视频内容。快手的傻瓜功能模式能够为内容创作者和观众带来较强的互动性和开心的体验，进一步促进了快手生态系统中内容的丰富性和交互性。图 2.1-3 为快手的产品业务的生态系统及其互动的图例。

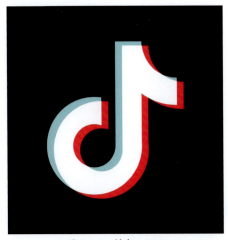

图 2.1-1　抖音 LOGO

图 2.1-2　快手 LOGO

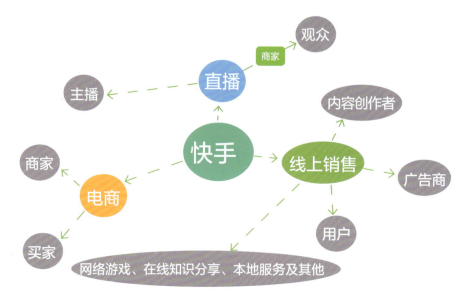

图 2.1-3　快手产品业务的生态系统

（三）淘宝平台

淘宝网（taobao.com）是 2003 年 5 月创立的在线零售平台。目前，它已成为世界范围内电子商务交易平台之一。

淘宝致力于推广高品质、低成本、个性化的在线购买方式，帮助更多消费者享受在线商品购买的便利，获得更高的生活质量；通过提供网上销售平台等基础服务，帮助更多企业开拓市场，树立品牌形象，实现产业现代化；帮助更多有梦想的人实现互联网创业。

淘宝不仅是中国流行的在线零售平台，也是中国消费者的社区和世界各地创意商品的中心。淘宝戏剧性地改变了人们传统的生产方式、生活方式和消费模式。

二、如何注册平台会员

（一）抖音平台会员注册方式

① 注册账号时建议考虑是否是多账号矩阵运营，如果是多账号矩阵运营，在注册时应在 4G 或 5G 状态下进行账号申报，切勿在 Wifi 状态下进行账号申报，以免多账号中一个账号被违规降权，导致所有同一 Wifi 状态下注册的账号很大概率被连带降权。

② 在手机页面找到抖音 APP，单击软件按钮进入主界面，如图 2.1-4 所示，输入手机号码，获取验证码，登录账号；或者在图 2.1-4 中通过访问今日头条、微信、QQ、微博等账号进行关联登录。

③ 登录界面后，找到最下面一行分类栏，点击右下角"我"按钮，如图 2.1-5 所示。

④ 进入编辑资料的页面并填写个人数据，编辑个人账户资料，在这一页，需要根据营销推广需求，上传账号头像，修改账号名字，完成账号简介输入（图 2.1-6）。性别设置可以根据账号运营推广服装产品对象来进行。

⑤ 完成基础注册。如果需要开通直播，请点击图 2.1-7 右下角的"开直播"按钮，填写真实姓名和身份证号码，然后点击同意协议并认证，系统审核完成后即可开始直播。需要注意的是，实名认证的资料必须是主播本人的真实资料，否则平台将给予封号处理。

⑥ 返回登录界面点击"+"。

⑦ 点击相册选择即将发布的视频。

⑧ 点击下一步。

⑨ 填写标题。标题可根据视频内容适当关联一些当前的热门话题提高关注度，@抖音小助手帮助提升流量。选择能够突出产品优势的图片为封面，提升短视频关注度。点击抖音的"发布"按钮，视频片段就会发布到抖音账户平台上，短视频发布成功（图 2.1-8 ~图 2.1-10）。

图 2.1-5　抖音分类栏

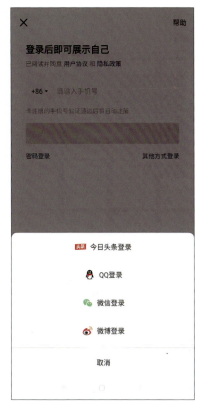

图 2.1-4　抖音登录界面

图 2.1-6　抖音编辑个人账户资料页面

图 2.1-7　抖音实名认证页面

图 2.1-8　抖音视频发布页面 1

图 2.1-9　抖音视频发布页面 2

图 2.1-10　抖音视频发布页面 3

（二）快手平台会员注册方式

① 在手机桌面点击【快手】，如果还没有这个软件，可以在应用市场搜索并下载安装。

② 进入图 2.1-11 的界面。

③ 如图 2.1-12 ~ 图 2.1-14，会弹出几种登录方式，本章以【手机号登录】为例进行示范操作。

④ 点击手机号登录后，自动跳转出手机号登录页面，点击【本机一键登录】即可。

⑤ 进入完善资料界面，输入自己的昵称。

⑥ 选择性别，点击【完成】。

⑦ 点击【完成】按钮跳转出现界面，如图 2.1-15 ~ 图 2.1-18 所示，点击【跳过】。

⑧ 注册成功。

图 2.1-11　快手 APP 图标

图 2.1-12　快手登录页面

图 2.1-13　快手登录页面 2

图 2.1-14　快手登录页面 3

图 2.1-15　快手登录页面 4

图 2.1-16　快手登录页面 5

图 2.1-17　快手登录页面 6

图 2.1-18　快手登录页面 7

（三）淘宝平台会员注册方式（图 2.1-19～图 2.1-24）

① 打开淘宝主页链接：http://www.taobao.com/。

② 在淘宝网三个大字的上方有登录、免费注册字样，点击免费注册按钮。

③ 填写用户名、密码、密码确认以及验证码，然后点击确认按钮。

④ 进行账户验证，在下面的方框输入手机号码并提交。

⑤ 此时手机会收到六位数的验证码，在下面的方框输入验证码并提交。

⑥ 淘宝账号申请成功。与此同时，请注意支付宝也同步申请成功，密码与淘宝账号一致。

图 2.1-19　淘宝登录注册页面 1

图 2.1-20　淘宝登录注册页面 2

图 2.1-21　淘宝登录注册页面 3

图 2.1-22　淘宝登录注册页面 4

图 2.1-23　淘宝登录注册页面 5

图 2.1-24　淘宝登录注册页面 6

（四）淘宝直播平台会员注册方式

① 百度搜索官方淘宝直播门户网站（认准官方认证标）（图 2.1-25 ~ 图 2.1-27）。

② 或直接访问淘宝直播官方门户网址进入 https://taolive.taobao.com。

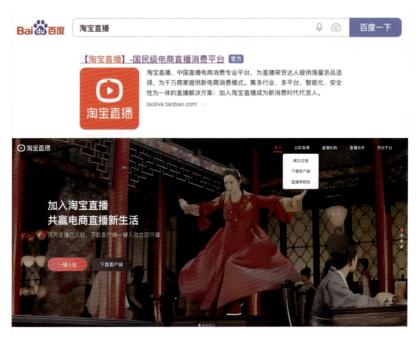

图 2.1-25

图 2.1-26

图 2.1-27

三、平台常见规则

（一）抖音平台规则

1. 抖音平台审核规则

以下内容仅为抖音官方发布的审核规则的主要方面，具体内容可能随时更新，建议用户在发布内容前认真阅读并遵守相关规定。

（1）账号管理

设置的账号不得违反国家法律法规及"抖音"的相关规则，您的账号名称、头像和简介等注册信息及其他个人信息中不得出现违法和不良信息，未经他人许可不得冒用他人名义（包括但不限于冒用他人姓名、名称、字号、头像等或采取其他足以让人引起混淆的方式）开设账号，不得恶意注册"抖音"账号（包括但不限于频繁注册、批量注册账号等行为）。您在账号注册及使用过程中须遵守相关法律法规，不得实施任何侵害国家利益、损害其他公民合法权益，有害社会道德风尚的行为。

（2）抵制违法违规的内容。

① 含有违禁物品元素的内容，如易爆物品、管制刀具、攻击器械、违法药品（如毒品）等。

② 恶意曝光他人隐私，包括他人信息、电话地址、二维码、微信等；未经他人允许，盗用他人作品。

③ 传播封建迷信的内容，如算命算卦、宣传伪科学或违反科学常识的内容。

④ 发布违法信息，参与赌博、非法集资等违法行为。

⑤ 拒绝低俗色情内容：

　　a. 衣着不得体，穿着透视内衣内裤清晰可见，洗澡后裹着浴巾无其他遮挡，为了展示敏感部位，故意穿紧身衣物，或对敏感部位打马赛克。

　　b. 低俗行为，男女过分亲密，以展示成年女性敏感部位为目的的自拍，他拍；故意做出的行为，特写嘴部等诱惑动作；为展示胸部在舞蹈或运动过程中故意大幅度抖动。

⑥ 杜绝危险行为：

　　a. 危险驾驶。开车时请勿为拍摄视频将手或身体部位伸出车外；抱着孩子、宠物驾车等危险驾驶行为，以及干扰主驾驶的行为。

　　b. 危险户外行为。不能为了新奇好玩，在有车辆行驶的马路上、有溺水风险的河边、火车轨道上以及高空等有危险隐患的场所拍摄视频。

　　c. 非专业人员演绎危险游戏或表演特技极限运动，无高空保护等保护措施的危险行为。

2. 抖音平台推荐规则

（1）搜索目的

对于视频进行搜索的过程就是客户主动探求信息提高对视频认知和黏性的一个有效行为。因此了解搜索系统，增加视频在搜索系统里搜出的次数，对于制作推广短视频非常重要。抖音平台会利用推荐算法获得尽可能多的数据来发现用户喜欢什么样的视频，目的是尽可能地让用户能够快速地从抖音海量的内容中挑选到用户最喜欢的视频内容。

抖音平台拥有数量惊人的短视频，大多数平台用户表达需求模糊。因此平台需要出台一个强大的搜索算法，一方面可以理解视频，一方面可以理解用户需求，担当平台和用户之间的桥梁，完成用户和视频之间的匹配。搜索算法就是利用尽可能多的数据来增强视频理解和用户需求。

（2）搜索类型模式

视频本身的数据内容，包括视频上的所有可见文本、视频本身的定义、视频画面等，都是系统搜索的数据。对于用户输入的查询词语，搜索系统将使用最先进的计算机语言处理技术来处理用户的查询，并了解用户的需求。

用户和平台短视频的交互数据，包括不同渠道的交互数据，如推荐搜索、评论、转发、显示时间等。除此之外，平台也会参考用户看过的视频信息历史、搜索的关键词、观看视频的完整程度、留存观看的时间长度、用户与已看视频之间的交互（比如是否有点赞评论和分享信息）等，搜索历史和视频的创作者是否有比较高的粉丝黏性（图2.1-28）。

抖音会根据推荐算法模式为最优创作者在推荐页面上进行引流推广显示。推荐页是抖音的首页，是大部分用户进入抖音后看到的第一个页面，推荐页存在的目的是从抖音所有上传的视频当中选择用户可能喜欢的内容，这里既包括新鲜发布的内容，也包括和用户喜好相近的其他人喜欢的内容以及其他人关注的内容。

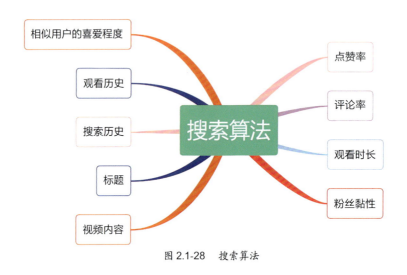

图 2.1-28　搜索算法

（二）快手平台规则

1. 快手平台审核规则

以下内容仅为快手官方发布的审核规则的主要方面，具体内容可能随时更新，建议用户在发布内容前认真阅读并遵守相关规定。

不得制作、复制、发布、传播含有以下违法违规内容的有害信息：

（1）攻击、破坏、违反国家法律法规及政策制度的内容，包括但不限于：

① 反对宪法确定的基本原则；

② 破坏国家统一，颠覆国家政权，泄露国家秘密，危害国家安全，损害国家尊严、荣誉和利益；

③ 煽动民族仇恨、民族歧视，歪曲民族历史，破坏民族团结；

④ 破坏国家宗教政策，损害宗教和睦与团结，宣扬邪教；

⑤ 宣扬封建迷信，违背科学精神；

⑥ 诋毁优秀文化传统与历史革命成果，篡改、恶搞经典名著，歪曲、贬低红色文化与非物质文化遗产；

⑦ 编造、散布谣言或不实信息，扰乱社会秩序；

⑧ 破坏社会稳定，组织、从事、煽动涉黑性质活动及违法暴力活动等；

⑨ 妨害、破坏公共秩序，威胁个人及公共安全，影响社会治安；

⑩ 捕猎、杀害、贩卖、非法饲养、食用野生及保护动植物，制作、加工、买卖保护动植物相关制品，制作、销售狩猎工具，踩踏、破坏保护植被或自然保护区等；

⑪ 破坏国家保护的文物和名胜古迹，盗墓探宝，销售文物等；

⑫ 其他违反法律法规、国家政策条例及任何具有法律效力规范的相关内容。

（2）损害党和国家尊严与利益，破坏领导人、革命领袖、英雄烈士名誉及形象的内容，包括但不限于：

① 以损毁、践踏、恶搞等方式，侮辱国旗、国徽、国歌及其他国家标志；

② 利用领导人、革命领袖、英雄烈士形象或信息牟利，侵害其名誉及权益；

③ 泄漏国家各级党政机关、科研机构、军事机构等未经公开的会议、文件、决策、科研成果等保密信息；

④ 恶意诽谤、侮辱或者攻击党和政府机关、公务员、共产党员的形象；

（3）传播恐怖主义、极端主义内容或煽动实施恐怖主义及暴力犯罪活动的内容，包括但不限于：

① 展示、宣传境内外恐怖主义组织形象、特征及行为等；

② 美化境内外恐怖主义组织及其活动，美化恐怖主义战争；

③ 鼓吹恐怖主义，煽动恐怖主义活动，非法持有恐怖主义服装和标志及其他物品；

④ 组织、领导、参加或号召参加恐怖组织或恐怖主义活动。

（4）传播淫秽色情低俗的内容，包括但不限于：

① 对性器官、涉性部位及性行为进行直接展示、过度描述或模仿展示；

② 推广色情交易，发布不良交友信息；

③ 传播、买卖、制作淫秽色情制品，炒作宣传成人影片、色情电影、三级片，包括但不限于自拍、偷拍等形式；

④ 发布、传播其他低俗色情内容。

（5）侵犯他人合法权益，包括但不限于：

① 恶搞、诋毁、侮辱、诽谤、辱骂、歧视他人，侵犯他人名誉；

② 未经当事人允许，散布、泄漏、人肉、买卖个人隐私，如电话、住址、证件信息或其他个人隐私信息；

③ 未经授权，盗用、转载、搬运他人作品，发布与他人创意高度相似、疑似抄袭的内容，或冒充他人注册使用账号；

④ 非法限制他人人身自由，威胁、恐吓、强行跟踪、拍摄他人，影响他人人身安全；

⑤ 故意损坏公私财物，威胁他人或公共财产安全的。

（6）直接或变相发布违法违规经营类信息，包括但不限于：

① 非法持有或销售国家管制物品，包括但不限于枪支弹药、管制刀具、易燃易爆物、管制药品、迷幻药物等；

② 吸毒贩毒，制作买卖毒品及工具，或展示、介绍、模仿吸毒行为及相关信息；

③ 非法组织赌博活动，展示赌博行为（含线上及线下、虚拟及实体形式），经营买卖赌博相关物品或服务；

④ 宣传推广非法医疗服务，如代孕、试药、人体器官买卖、人皮面具、胎儿性别鉴定等；

⑤ 贩卖、拐卖人口或尸体，非法领养未成年人；

⑥ 制作买卖推广假冒伪劣物品及相关服务，包括假币、假证、高仿商品、倒卖发票、伪造文件印章等；

⑦ 宣传推广传销组织及其产品，煽动、引导、逼迫加入传销组织等行为；

⑧ 虚假或夸大、误导消费者购买有风险的商品及服务等；

⑨ 未经快手官方审核、未获取相关合法资质，宣传推广健康医疗、财经投资等特定领域商品及服务，如药品、保健品、医疗服务，期货、股票、基金、理财产品，烟草、酒类、出版服务等；

⑩ 引导通过非快手官方认可的渠道进行私下交易的行为，包括但不限于口播、展示外站联系方式或引导用户添加外站联系方式进行商品交易或服务推广；

⑪ 其他违反法律法规或快手用户协议的经营及广告行为，包括但不限于诈骗、作弊服务、网络兼职、代理加盟、非法募捐、一元夺宝、境外婚介服务等。

快手采用用户信用评估系统记录每位用户在平台的违规次数及严重程度，一旦发现违规，则自用户账户扣除相应积分。积分低于一定阈值的用户可能会受到使用部分或全部平台功能的限制。当违法、侵犯知识产权或违反服务条款及社区规定等任何违规被识别时，内容分析团队会视违规性质采取相关行动。对于更严重的违规行为，快手将下架内容或停止直播（如适用），并根据违规性质在一定期间内暂停相关用户在平台活动。持续违规将导致永久关闭和取消账户。对于零容忍的违规及恶意行为，快手将下架内容或停止直播（如适用），删除相关用户账户，并将其信息列入快手的黑名单数据库，禁止该用户创立新账户。

2.快手平台推荐规则

（1）快手推荐引擎

推荐引擎是一种基于深度学习的个性化推荐引擎。它是一个专门构建用于推荐短视频和实时视频内容的引擎。该引擎依据自研图神经网络（即快手图神经网络(KGNN)）建立，分析数亿用户的行为以了解其偏好并每日实时向用户推荐超过200亿条短视频及直播内容。

个性化推荐引擎可以让用户轻松地找到他们感兴趣且有用的内容，并通过发现他们共同感兴趣的主题将观众与内容创作者联系在一起。这是全球少数几个可以同时使用不同算法进行优化的大型推荐引擎之一，它能够满足更多用户的偏好，同时对两种数据推荐模式进行联合深度学习。具体来说，该引擎支持双列带缩略图格式和上下滑动个性化推送模式。

（2）算法介绍

① 流量池分配。所谓流量池，即是指作品通过算法获得不同的曝光率所获取的不同的推荐位置。快手为每个作品，甚至是广告作品，分配了一个基础的播放量，这个播放量通常在0到200之间。其中，150到200之间的播放量数据非常重要，快手会通过该视频的点赞率、评论率以及转发率，来判断是否将其推送到更高的流量池中。当然，视频所处的流量池位置越高，其获得的曝光率也会越高。

快手秉承"公平普惠"的产品逻辑，进行去中心化内容分发，因此小号也有机会获得大量关注。当一段新视频在快手上传后，系统会分配给它一定的推荐量。随着该视频的热度不断上升，系统会通过加权的方式，给予该视频更多的推荐机会。也就是说，越受欢迎的视频，它们的推荐量会被系统加以优先考虑，以便让更多的用户看到这些颇具人气的短视频。同时快手平台也会依据短视频的点赞率、评论率、播完率和转发率等多个维度进行数据计算，从而决定账号推荐的位置顺序。

② 热度加权。快手平台上的热门短视频播放量通常都在百万级别，从平台后台数据上看热门视频的点

赞数、评论率和转发率都非常高，这是因为快手在推送短视频时使用的是层层叠加的流量策略，强化了这些热门短视频所接收到的推荐量和曝光量。这意味着，越受欢迎的短视频，它们的流量就会不断叠加，并不断增长，从而进一步提高它们的点赞数、评论率和转发率，形成一个良性循环。快手各维度数据对热度加权主要影响依次为：转发率＞留言率＞点赞率。短视频在制作时可以考虑适当根据发布内容引入当下热门话题来吸引用户转发、评论、点赞，提升视频的加权热度，但切忌文不对题，引发流量降级。

（三）淘宝平台规则

1. 淘宝平台审核规则

以下内容仅为淘宝直播官方发布的审核规则的主要方面，具体内容可能随时更新，建议用户在发布内容前认真阅读并遵守相关规定。

关于主播：

① 淘宝网用户须同时满足以下条件，方可申请达人主播：

　　a. 已入驻阿里创作平台成为达人，且账户状态正常；

　　b. 具备一定的主播素质和能力。

　　c. 不得违背其自身所做出的承诺；

　　d. 不得违规推广，包括但不限于发布阿里创作平台不允许发布的商品信息；

　　e. 不得存在易导致交易风险的行为，包括但不限于引导用户进行线下交易、发布外部网站的商品或信息；

　　f. 不得存在侵犯他人权益的行为，包括但不限于泄露他人信息、不当使用他人权利、骚扰他人；

　　g. 不得扰乱平台秩序，包括但不限于针对直播数据进行造假或者作弊；

　　h. 须符合淘宝直播平台主播要求。

② 淘宝网卖家须同时满足以下条件，方可申请商家主播

　　a. 店铺信用等级须为 1 钻及以上；

　　b. 主营类目在线商品数 ≥ 5，且近 30 天店铺销量 ≥ 3，且近 90 天店铺成交金额 ≥ 1000 元；

　　c. 卖家须符合《淘宝网营销活动规则》；

　　d. 本自然年度内不存在出售假冒商品等违规行为；

　　e. 本自然年度内未因发布违禁信息或假冒材质成分的严重违规行为扣分满 6 分及以上；

　　f. 卖家具有一定的微淘粉丝量、客户运营能力和主播素质。

③ 天猫商家须同时满足以下条件，方可申请商家主播：

　　a. 商家须符合《天猫营销活动基准规则》。

　　b. 商家具有一定的微淘粉丝量、客户运营能力和主播素质。

④ 对商家准入有特殊要求的，依据淘宝另行制定的准入要求执行。

⑤ 用户除须遵守《淘宝规则》《天猫规则》《飞猪规则》《淘宝交互信息规则》《阿里创作平台管理规范（"微淘号 达人"适用）》中关于信息发布的相关规定外，还须遵循如下信息发布要求：

　　a. 不得发布危害信息，包括但不限于敏感信息、淫秽色情信息；

　　b. 不得发布不实信息，包括但不限于捏造细节、夸大事实、不实宣传、虚假中奖信息、所推广商品信息与实际信息不一致；

（二）技能目标

能完成视频账号的注册和标签的设置，能针对服装企业的服装商品进行商品和竞品分析，并能策划与撰写出服装营销短视频的内容设计方案。

（三）素质目标

在给自己的短视频平台进行自我定位和竞品分析中，培养学生严谨科学的调研态度，在进行短视频内容选题策划和内容创意中，培养学生的职业精神和服务意识。

【知识学习】

一、短视频的定位分析

（一）自我定位

当前短视频行业的崛起为服装商家提供了一个良机，他们可以利用短视频带来的流量红利和广泛的用户群体，来增大其知名度和吸粉量。然而，想要通过短视频实现引流和变现的目标，仅仅靠跟风是远远不够的。怎么进行自我定位和推广是非常重要的一环。USP 理论在这方面提供了一个非常好的方法，可以让服装商家找到自己的特点和优势，以便打造突出的品牌形象和走在自己的独特路上。

USP 是英文 Unique Selling Proposition 的缩写，意思是独特的消费主张，通俗的说法叫买点。USP 理论是一个为营销人员提供有力策略的理论，它鼓励企业在竞争激烈的市场上建立自己的定位，发挥自身的核心优势，确定独特的销售主题。服装店可以通过 USP 理论来识别自己独特的差异化卖点，从而以此打造出更好的营销短视频内容。

以 Zara 为例，该品牌成功地锁定了自己的 USP："快时尚"，并采用了这个特点，向受众传达自己的品牌形象和独特性。在短视频制作中，Zara 利用其快时尚的特点，呈现出了其产品新鲜且前沿的特点，提高了其独特性和时尚性等方面的卖点，锁定了受众的目光，提高了品牌的知名度和影响力。

那么具体如何运用 USP 理论进行自我定位呢？

第一步，了解 Selling。Selling 一词义为出售或售卖。对于服装店而言，想要运用 USP 理论进行自我定位，需要首先了解自己所售卖的服装的卖点，我们从以下几个方面加以了解：

①服装的产地：了解服装的产地可以让服装店根据产地的消费市场和消费者的偏好知晓服装的基本特点以利内容创意。例如，如果服装产自广东，该地区的消费者可能对时尚感兴趣，因此服装店可以根据这一特点调整其短视频内容。

②服装的材料：服装材料的不同品质也是影响消费者购买决策的重要因素。了解服装材料的特性可以帮助服装店更好地向潜在消费者展示自己的商品。

③服装的裁剪和做工：服装的裁剪和做工对于品质的影响是消费者在选择服装时最为关注的因素之一。对于服装店而言，良好的裁剪和做工能够为顾客提供更好的穿着体验和愉悦感受。因此，需要在制作短视频时更注重突出裁剪和做工等方面的优势。

④服装的设计：服装设计是区分服装品牌的重要标志之一，一个品牌的良好设计能够吸引消费者注意，并塑造品牌形象。因此，服装店应该在其营销短视频中充分展示自己的设计风格和特点。

⑤服装适合穿着的人群：熟悉服装适合穿着的人群是进行自我定位的重要步骤之一。毕竟，服装店的

目标是针对特定的客户群体开展销售和宣传。了解客户年龄、性别、职业、爱好等因素，有助于服装店更好地确定自己的定位和策略，向目标客户展示自己的特色和优势。

综上所述，通过了解自身售卖的商品、服务的目标顾客，根据 USP 理论找准自己的特别之处，向受众陈述产品的卖点，做出与同类产品具有明显差异化的短视频内容，打造出独特的品牌形象和市场定位，提高销售和品牌认知度。

第二步，挖掘 Unique。Unique 一词译为唯一的、独一无二、特有的，即挖掘自己服装与同类产品具有明显差异化的内容或特性。

在进行服装店营销短视频的定位中，这些 Unique 点可以涉及多个方面，如品质、尺码、价格、版型等，这些因素能够让自身的商品与同类产品形成明显差异化，提高品牌知名度和吸引消费者的购买欲望。例如自己销售的连衣裙来源于名厂，做工更好，版型更修身，价格也更优惠，而且尺码更加丰富，适合各种身材的消费者，我们就可以以此为着陆点对视频内容进行定位。而对于知名服装企业，则需要在挖掘自身商品的 Unique 之处的同时，注意挖掘品牌价值，提炼品牌文化，通过知识产权的渗透和深刻的创新来赢得消费者的关注和喜爱。

第三步，提出 Proposition。Proposition 一词译为提议、建议。提出 Proposition，即提出服装销售推广的策略，具体就是找准服装销售的切入点，向受众陈述这个服装的卖点，其他产品具有明显差异化的短视频内容。我们可以通过结合年龄层次人群关注的或日常生活常见常用的事、经营者自身积累的经验等因素，将这个服装的卖点清晰地传递给受众。例如，针对同款春秋连衣裙，如果要面向宝妈这个消费群体，在视频宣传定位时可以突出版型偏大、裙子偏长的特点，因为它更适合宝妈日常活动，并且能够更好地遮掩身材，而这也是宝妈比较关注的问题。这样的推广定位能够更加精准，从而让消费者更易于接受和喜欢。

下面通过一个案例来说明 USP 理论中这三个步骤的应用。一个小众服装品牌，其产品是运动休闲装，针对的是年轻消费者群体。在第一步中，他们充分了解了自己销售的服装，发现自己的服装质量非常优越，并且价格相对较低，因为他们的生产流程相对较简单，没有太高的人力成本和广告宣传成本。在第二步中，他们发现自己的运动休闲装与同类产品的差异在于整体风格更年轻、配色更醒目、版型更时髦，并且特别关注了几个细节问题，如口袋的设计、袖口的开口方便折叠和整个服装的贴身性等。在第三步中，他们确定了自己的服装推广是面向年轻消费者，于是该品牌在视频中强调自己的服装的独特之处，并以年轻消费者关注的活力、运动、健康等方面做切入点进行推广。这样的策略让消费者注意到了这个小众品牌，引起了他们的兴趣和好感，从而提高了品牌知名度和销售量。

（二）竞品分析

1. 服装营销短视频竞品分析的概念

竞品分析是对竞争对手的产品进行比较分析，这是一种带有主观性的横向分析过程，通过分析竞品基本信息、核心功能、平台流量机制、用户画像、用户行为、市场运营等维度，学习借鉴其市场推广、竞争策略，提出优化市场策略的建议。

服装营销短视频的竞品分析即是寻找销售推广同样类型、风格和款式的服装视频号，或者销量、点击量、关注度高的服装视频号，对他们视频推广中呈现的视频故事的编撰、画面的设计、拍摄的手法、剪辑的技术、艺术形式，以及服装推广的切入点、商品的卖点表达等，进行多方面的比较分析，寻找自己服装营销短视频的切入点。

2. 服装营销短视频竞品分析的意义

在服装营销短视频领域做竞品分析，不仅能够深入了解竞品的动态，及时调整自己的运营策略，为服装销售和发展制定可行性方案，提升服装销售成交量，还能了解竞争对手的用户细分群体，帮助自己避开强有力的竞争对手，走"避强"垂直化之路。竞品分析可以帮助服装营销短视频创作者更好地找到创作的切入点，找到自己的优势，避免同质化的误区。因此，一定要多观察同领域的热门账号，及时了解竞品的数据和内容，取长补短，从竞品中吸取经验，以优化自己的服装营销短视频账号定位和运营方式，从而有效地提升自己账号的竞争优势。

3. 服装营销短视频竞品分析的步骤

① 第一步，收集用户习惯：用户习惯决定着短视频账号所能达到的战略竞争高度，因此要对服装营销短视频竞品的用户行为、消费、体验、情感等进行分析，找到用户喜欢的关键点，运用在自己的短视频上。

② 第二步，收集数据：要将竞品当做自己的产品，进行每日预估；及时了解竞品的更新频率、初次打开率、二次传播率、互动情况、点击量、粉丝数等；当对方的推送出来时，根据情势，猜测 3 天后的浏览数据、互动情况等，并将其一一记录，这样一周或一个月后，对比分析实际情况是否与自己的猜测吻合。这么做，一是可以收集了解到竞品的投入成本、爆款是什么，便于后面的研究分析；二是能够让自己提前掌握市场的动态。

③ 第三步，分析竞品服装短视频的内容：对竞品的短视频账号所发布的内容功能进行拆分，了解竞品的选题方向、人设、故事结构、展现形式、视频风格、推送仪式等特征，仔细分析自己的账号与竞品之间的差异。找到自己的特征与竞争优势。

④ 第四步，分析竞品服装营销视频号和用户的交互形式和方法。交互，就是视频号的互动形式、互动频率，包括线上活动、线下活动。看看竞品的活动是怎么进行的，有些什么优势，参与度如何？有很多竞品之所以做得好，可能不是短视频作品本身的原因，而是与用户之间的互动沟通做得好，更能满足用户的互动需求，更适合用户的心意。总之，要注意细节，时刻关注用户体验，做好每个环节的服务。最好就是亲自参与对方的互动，并混入他们的社群，以一个用户的角度去体验，看自己这方可以怎么改进。

⑤ 第五步，收集和分析竞品的标题，好的标题往往可以吸引更多的人点击进入视频，竞品的标题是什么模式，是否有迹可循？这些都可以着重进行拆解分析，以强化自身的产品。

4. 竞品分析的方法

可以通过建立一张表格来记录自己的产品和竞品的每一个功能，然后进行详细的对比。竞品分析报告的内容可以包括体验环境、行业分析、需求分析，竞品对比、运营及推广策略对比等。通过这种方式，可以很明显地看出自己的视频中哪些内容需要改进，哪些存在着明显差距，从而使得自己与强大的竞争对手直接竞争并不现实，以及哪些可以垂直细化，找到自身优势，以差异化取胜。这样，我们就可以让用户在观看过程中停留并做出点赞、转发等行为，从而有效地为服装营销短视频账号带来流量，促进服装销售的增长。

5. 常用的竞品分析方法

（1）使用 SWOT 分析模型分析竞品服装营销视频号

SWOT 分析模型是一个被广泛应用的方法，它主要应用于分析自身和竞争对手在产品优势、劣势、机会和威胁等方面的表现。通过绘制四象限图，将自身实力和竞品做对比，从优势和机会里找到突破口，避免和对方的长处冲突。

下面举例说明该方法在服装营销短视频竞品分析中的应用。例如有一款爆款服装营销短视频是漫画风格的，我们使用 SWOT 分析模型对该视频进行分析，在优势（Strengths）方面，该竞品视频吸引力强，用户互动度高；在劣势（Weakness）方面，该视频缺乏详细的产品信息，并且缺乏品牌传达；在机会（Opportunities）方面，该视频开发新的营销手段的可能性高，可以通过增加优惠活动等来吸引更多的新用户；在威胁（Threats）方面，竞争对手的数字销售能力强，价格竞争激烈。在分析过程中我们将其优劣势、机会和威胁与自身的营销策略进行对比，发现自己公司没有这样的漫画人才，如进行动漫制作成本会增加，而且会破坏自己视频号的垂直度，即使竞品的数据很好，也不应羡慕，但我们可以抓住视频缺乏详细的产品信息，并且缺乏品牌传达的问题，以及视频增加优惠活动吸引更多的新用户的方法，专注于自己的风格，完善和扩大产品信息的表达，增加优惠活动和品牌故事的传达，以此增强自己视频号的吸引力。

（2）使用有无评估模型分析竞品服装营销视频号

有无评估模型是另一种常用的竞品分析方法。这种方法将对比产品功能罗列出来，并进行有无评判。类似于许多网站上的价格列表，不同的价格对应不同的功能。在服装营销短视频竞品分析中，我们可以将该竞品视频的各项功能与自己的视频进行对比，如视频故事的编撰、画面的设计、拍摄的手法、剪辑技术、艺术形式、服装推广的切入点、商品的卖点表达等。例如，该竞品视频简洁的画风非常吸引人，而我们的视频可能为了呈现更多的细节而不够简洁。我们可以在表 2.2-1 中记录下这些对比，寻找我们的优势和短板，要细致入微，不要忽略任何细节。通过这种方法，可以更全面、更精准地比较自己的视频与竞品之间的优缺点，找到差异之处，并从中寻找改善和细化的方向。

表 2.2-1

对比内容	对比详情	本服饰店	桃子女装	杨梅服饰	爱莎女装
画面的设计	九宫格构图法	√	√	√	√
	细节使用中心构图	√			√
	运用了不同景别	√			
	只用一种景别		√	√	√
	画风简洁朴实	√	√		
	画风厚重华丽			√	√
	色彩明亮艳丽		√	√	
	色彩明亮柔和	√			

（3）使用评分模型分析服装竞品

如表2.2-2按1～10分进行打分，即对短视频竞品各种内容进行优、良、一般、差的评分，使得对比更形象。例如同一个竞品不同时间的选题，根据数据互动等进行评分，就可以从中得出什么样的选题是比较受欢迎的，且是稳定的。再例如你将各种竞品的推送时间，根据数据进行打分，就能分析出此类视频号更新的最佳时间……

表 2.2-2

对比内容			本服饰店（1—10分）	桃子女装（1—10分）	杨梅服饰（1—10分）	爱莎女装（1—10分）
画面的设计	对比详情	评价（可根据视频流量、点击量和收藏量结合美学原则评价）				
	构图法的运用	根据内容运用了多个构图法丰富画面，构图美观	6	5	7	8
	景别的运用	根据内容运用了多个景别，景美观，衔接流畅自然	8	4	4	9
	色彩	色彩搭配和谐，受欢迎	6	4	6	8
	画风		8	6	7	9

竞品分析最重要的是耐心和坚持，因为竞品分析是一件非常乏味的事情，且是持久战。无论使用哪种分析方法，服装营销短视频竞品分析都需要充分了解自身和竞品，并找到自己的竞争优势和定位，进而在市场中取得成功。

（三）设置类短视频号标签

通过分析与定位我们的商品和服装营销视频号，确定好要做什么之后，就要开始"包装"视频号，可以从以下三个方面入手：

1. 给视频号起名

给视频号起名，要遵循四个基本原则：简单化、具体化、个性化、人性化。您可以参考表 2.2-3 以了解具体要求：

表 2.2-3

服装营销视频号起名的四个基本原则	
简单化	能用两个字的绝对不用三个字，能用三个字的绝对不用四个字，越简单越容易传播和被人记住。如抖音平台有 121.7 万粉丝的"刘欣服装"
具体化	具体化就是让人一听就知道你卖的是什么服装。如小红书拥有 3.9 万粉丝的"LPPSTUDIO 小众服装"
个性化	个性化就是你的名字独特，有画面感，让人有美好的想象。如抖音拥有90.9 万粉丝的"妙妈童装穿搭"
人性化	人性化就是你的名字听起来是个人的，不是一个机构合伙组织，消费者更喜欢与人打交道。如小红书拥有 11 万粉丝的"丘同学服装店"

名字起好之后，可以对照以下列举的品类名自检清单，优化自己的名字：

① 个人品牌反映：能联想到品类或者特性、品类利益。

② 定位反映：独特性、人格化、画面感。

③ 利于传播：听得出、记得住、愿意说。

④ 避免混淆：避免与名牌、竞争个人品牌相似。

表 2.2-4 为视频号起名参考。

表 2.2-4

视频号昵称起名参考		
根据需求找方法	起名方法	案例
做个人 IP/ 企业品牌	突出个人品牌	小红书拥有 146.6 万粉丝的 "JMLady 服装店"
	突出兴趣	拥有 15.3 粉丝的 "西掌柜（服装穿搭师）"
	突出专业	拥有 146.6 万粉丝的 "MZY Studio 定制服装"
品牌宣传	突出产品或品牌	抖音拥有 809.3 万粉丝的 "常熟市王孟杰服装商行"
真名或简称	大家都容易产生亲近感的真名	拥有 92 万粉丝的 "莉莉服装"

2. 设置头像

对于品牌企业来说，在视频号平台上的头像是一个重要的标志，常常被视为 LOGO、标记或校徽等。为此，我们可以选择自己的真人照片、形象照片或基于真人照片绘制的动漫头像作为头像，从而实现标识和识别。如果想要显得更专业，就要避免过于娱乐化的头像，以免影响机构的品牌形象。设置头像时，我们需要注意以下几点：

① 头像选择原则：真实、有个性、能传递品牌信息。

② 视频号从品牌推广角度来讲，头像不建议经常换。

③ 视频号用未征得同意的人物头像是侵权行为。

④ 一个讨人喜欢的头像，会更加吸引别人的关注。

3. 设置视频号的简介

在视频号平台上，个人简介的作用非常重要，它不仅可以用于展示博主的服装商品，还可以用来介绍博主本人。它是让观众了解你身份、经历和价值的有效方式。观众可以通过你的个人简介了解你的视频和其他信息，因此我们需要通过编辑个人简介来传达更多的信息和价值。在个人简介中，我们可以使用换行和表情符号等方式来排版。

二、选题策划

（一）短视频选题策划方法

在进行服装营销短视频的拍摄策划时，需要先确定一个核心主题，并明确拍摄的目标和要传达的内容，比如休闲服饰、亲子装或穿搭等。接下来，需要确定在这一大主题下所需输出的具体价值内容。在选择选题时需明确主题，因为随后的工作将围绕此主题展开。对于服装短视频的选题，可以从三个层面出发：谁来穿、为什么穿、卖什么，以确保选题具有可操作性和实用性。

1. 谁来穿——人

确定目标受众群体及其需求和偏好。在制定服装营销短视频内容时，需要根据目标受众的性别、年龄、身份等因素进行综合分析和考虑，以确保视频能够与目标受众产生共鸣。为此，我们可以下面几个要素进行考虑：

① 性别：针对不同性别的目标受众，比如男性和女性，考虑他们的穿衣喜好和需求，从而制定有针对性的视频内容，比如男性想要时髦、女性想要显瘦。

② 年龄：老人、小孩、青年、中年，不同年龄段的人有不同的穿搭，要根据不同年龄段的人群提出穿搭的建议，如让小孩穿搭可爱、舒适，老人穿搭成熟大方得体，符合他们的年龄层次，这也是选题的一个思考方向。

③ 身份：根据目标受众的不同身份，包括大学生、职场白领、孕妇、商务人士等，寻找共性的穿搭问题点。

2. 为什么穿——场景

我们在日常生活中会涉及各种场合，不同的场合对于服饰的要求也不同，因此，我们可以根据不同的场合来策划和设计服装推广视频内容。

① 地点：基于场地的角度来拍摄，比如前往学校、公司、朋友家或男朋友家等场所时需要的穿搭都不一样，因此可以针对不同的地点来制定视频内容。

② 事项：根据不同的社交活动或体验活动来制定服装营销短视频内容，例如同学聚会、朋友生日、登山、旅游、海滩度假、宴会和第一次约会等。这些场合的穿着要求不同，可以给创意和创作提供更充分的空间。

3. 卖什么——货

服装推广类短视频的主要目的是促进销售，根据常规的电商类目，男装、女装、男鞋和女鞋都可以作为一级类目。这种分类方法适用于一些大规模厂家或商店，因为他们的产品种类很多，这样可以提供更多的素材，吸引更广泛的潜在用户。但有些商家的资源或主营商品则更具细分领域的特色，比如衬衫、牛仔裤、裙装等。这种分类方法聚焦度更高，可以吸引更加精准的粉丝群体。在制定视频内容时，应根据所推广的服装和类似视频的竞品分析，找到自己的切入点，设计具有特色的视频内容。

（二）短视频选题注意事项

在策划选题时，我们应当遵循以下原则：以用户为中心，注重价值输出，保证内容垂直度，将选题内容与运营相结合，多结合热点来选择选题，远离平台敏感词汇，增强用户互动性，引导用户进行互动交流，或引发用户的抨击与批评。

为了获得丰富的选题素材，我们可以在日常生活中积累，关注各个媒体平台上的热点事件，并在平台上搜索相关话题词。以热点作为视频内容策划的切入点是一个很好的方法。分析竞争对手的爆款选题，关注竞争对手最近一段时间发布的内容，将其作为选取素材的参考依据，也是常用的选题方法。但需要注意的是，我们应学习竞争对手公开的成功经验，并结合自身特点进行创意。同时，我们还可以收集用户的反馈和意见，从自己的短视频账号评论或竞争对手账号评论中寻找有价值的选题。创作者平时可以多参考一些优秀短视频创作大咖的作品来进行学习。

三、内容打造

（一）常见短视频形式

目前，对服装类曝光不错的视频大致分成日常类、教学类、对比类和剧情类四种。

1. 日常类

日常类视频具有很大的灵活性和多样性：

① 户外摆拍（街拍）。演员通过行走、坐、舞蹈等不同角度在实际场景中展示服装的效果。这种方式比图文展示效果更好，可以在短时间内得到更多的关注度。潘南奎是在抖音平台比较知名的例子。但街拍账号往往粉丝并不太精准，而且粉丝不归属于一个有效粉丝群体，因此提高转化率并不容易。开设多个街拍账号是一种常见的解决方法。视频同款、商品橱窗、添加微信等方式仍然可以实现销售转化。

② 店铺摆拍。是适合个体卖家的一种方式。不管是档口还是街边小店，卖家可以自己作为模特来展示商品，这种方式的成本相对较低。通过不断的拍摄，店家可以形成一定的信任，吸引老顾客前来购买。在店内拍摄的视频相对于户外拍摄的视频更加随意和自然，适用于一些产品类别比较限制的场合，比如内衣和睡衣等。这种情况下，主播本人的个性和产品力是决定其是否能够获得粉丝和爆款的关键因素。

③ 生活摆拍。我们刚才提到的潘南奎属于生活摆拍的这一类，只不过是她有些街拍的视频更火爆而已。除了潘南奎，在杭州的还有像安妮婷婷，抖音粉丝超过 280 万。通过分享日常生活，比如吃饭、聚会、旅游、出行等场景，来展示自身的穿衣搭配。这种类型有明确的代入感，它比街拍、室内固定的场景更多元，给了用户更多喜欢、购买的理由。最重要的是，她能塑造丰富的人物形象，KOL 的属性是最强的，有真正的带货能力。街拍属于流量转换的逻辑，店铺属于纯售卖的逻辑，而生活类型的 KOL 属于粉丝逻辑，可表现的能力比较强。

KOL 是 Key Opinion Leader 的简称，可以翻译为"关键意见领袖"。在短视频营销中，KOL 通常指一类具有较高人气、影响力和粉丝数量的网络红人或社交媒体达人，他们以个人的独特视角和风格吸引了大量的粉丝和关注度。KOL 通常具有一定的专业知识和独特的营销技能，能够通过产品推广、品牌塑造等方式为企业、品牌和商品等吸引更多的关注和销量。KOL 还具有比较强的发布能力和传播能力，通过在不同平台发布短视频，可以帮助品牌吸引更多的目标用户，并能够有效地转化他们为忠实的消费者。因此，在短视频营销中，KOL 广受品牌商和营销机构的青睐，成为短视频营销策略中重要的营销手段之一。

2. 教学类

① 很多消费者想要购买优雅时尚的服装，但不知道怎样正确地搭配。因此，进行如何穿搭和搭配的更好看视频号也有大量的粉丝。

② 配音型。（KOL）将提前准备好的文案用漂亮的模特搭配服装展示并销售。选择一两个稳定的主播，以确保视频质量，并帮助观众更好地认识他们。

③ 自述型。KOL 主动及时和观众分享日常穿搭的经验和干货，这种方式能够更有效地拉近 KOL 和粉丝的距离，建立信任关系。但需要注意不要啰唆，尽可能用简单明了的语言，让用户快速了解到穿搭的心得和使用场景。这种方式既有穿搭教学的环节，也有生活摆拍的环节。

④ 好物种草。好物种草通常采用拆快递和现场展示个人衣橱的方式。（KOL）讲述自己的服饰穿搭理念，展示衣服的穿着效果、质感以及产品的搭配。 好物种草不仅关注上身效果，还注重团队在选品和

搭配方面的能力。一般来说，做好物种草的 KOL，都会搭配美妆等其他内容，以提供更全面的展示和搭配建议。

3. 对比类

穿搭对比视频是一种通过对比不同穿搭风格展示一个人在服饰选品和搭配方面的能力，从而突出商品的视频类型。这种视频经常采用对比的拍摄方式，例如将画面从可爱风格转变为性感风格或者比较不同年龄段的人的着装风格。这种使用反差手法的方式可以给观众带来强烈的视觉效果。素人改造是比较常见的剧情，主要是通过改造前后的对比展示服饰搭配的效果，从而吸引粉丝。这类视频的制作成本较高，且要求素人和案例具备代表性，以便将服饰推向更广泛的消费者市场。

4. 剧情类

剧情带货是一种利用搞笑的情节来吸引用户的注意力，并通过间接的方式营销产品的手段。这种方式通常由各种人物，如情侣、母子、姐妹、帅哥美女等表演出各种形式的搞笑剧情，将产品间接带给用户。这种带货方式可以快速拉动用户的关注和点赞，从而吸引更多的用户主动了解和参与互动。尽管这种带货方式的心智转化需要一定的时间和策略，但即使带货不成功，通过他的影响力仍然能够作为网红吸引众多广告商的青睐。抖音上的中年姐妹花通过分享生活中的搞笑动态，巧妙地穿上自己的服饰，在晚上开直播销售自己的产品，吸引了大量的用户关注。而岳老板则通过快手和超过 1400 万的粉丝，通过形式各样的搞笑剧情，将自己的西服产品推销给更广大的用户。

不管是哪种形式，都要注意以下要点：

① 内容要好。短视频是典型的货找人，是用户基于消遣娱乐的背景下，随机浏览到的内容。短视频吸引用户的是视频内容，而不是商品。所以，我们要尽可能地想办法提高视频的内容质量。最基本的要求是不模糊，无杂音，让用户看得到，听得清。还有一开始，如果不知道拍什么，怎么拍，建议把头部 100 个视频看一遍，像素级的模仿，毕竟其他人已经成功了。

② 颜值要高。所有的人都喜欢美好的事物，所以短视频里面呈现的主角、网红、店主，尽量地保证颜值上的高标准。这样无论衣服、鞋子穿在身上也才更有效果，放大了产品的优势，这个和拍淘宝详情页是一个道理。其实这部分的成本很低，大学生、兼职模特或朋友中一定能找到合适的人。

③ 需求明确。不管是经营冷门类目，还是卖大通货，选品直接影响了最终的交易，所以团队在视频中的推荐，商品橱窗上新的产品，一定要能满足大部分人的需要。这个商品应该是爆款，受众广，才好卖。所以，在出视频的时候，不需要风格怪异的搭配。因为怪异的风格并不适合绝大多数人，无法引起共鸣，会影响观看、涨粉，更影响服装的销售。

（二）短视频内容创意方法

短视频创作者要想持续地生产优质内容，需要找到正确的内容创意方法，然后按照这些方法进行操作，这样才能建立规模化的内容生产流水线。

1. 搬运法

这是一种常见的方法，即从一些社交媒体、经典影视剧、名人或竞争对手的热门视频中挑选出自己喜欢的素材，进行再创作并发布到自己的账户上。这种方法可以通过创新展现形式、内容和框架结构进行创新加工，以使其具有个性化和创意性。此外，还可以将自己或他人的亲身经历融入创作之中。

2. 模仿法

这种方法是通过模仿火爆的短视频，制作出类似但更有个性化和创意性的视频。可以随机寻找爆款视频，或者寻找一个与自己的账户定位相似的账户，进行长期的跟踪和模仿。这种方法虽然与搬运法相似，但需要更多的创新和个性化。

3. 场景扩展法

这是一种针对特定用户群体的方法，以他们关注的话题为核心，通过下表九宫格的方式寻找更多创意的方法。要想使用场景扩展法创作高质量的短视频，需要对目标用户和市场进行深入研究，以了解他们的需求和兴趣。然后，可以从中挖掘出有趣的话题，完成视频内容的构建。这个方法需要短视频创作者有更强的洞察和市场分析能力。

构建九宫格第一层核心关系

爸妈	亲密朋友	公婆
同事领导	青年男女	孩子的老师
兄弟姐妹	夫妻	孩子

构建九宫格沟通场景

上学	家教	购物
辅导作业	青年男女和孩子	旅游
做游戏	做家务	吃饭

4. 反转法

反转法是一种非常有趣的营造情感的手法，它可以在故事的结尾完成一个令人意想不到的转折或构建一个强烈的"反差萌"效果。这种手法不仅可以增强故事的吸引力和可信度，而且可以引起观众的情感共鸣，以获得更深刻的印象。反转法的基本形式包括一个戏剧性的"神转折"，让观众始料不及，或者一个强烈的"反差萌"，让观众在感性上感受到一种强烈的差距感。这种手法需要创作者具备高超的写作技巧、发掘创意和对故事深刻的理解和洞见。在使用反转法时，我们需要通过故事情节和人物性格来建立制造故事转折的有机逻辑，使它在逻辑上和情感上看起来自然流畅，并且满足观众的情感需求，从而打动他们的心灵并加深印象。

总之，以上的方法都可以帮助短视频创作者产生具有个性化和创意性的内容，并建立起持续而高效的内容生产流水线。我们必须不断了解用户需求，了解市场需求，创新思维，拥有敏锐的洞察力，才能在竞争激烈的市场环境中脱颖而出。如果正确地使用这些创作方法，你就能够制定策略和流程，不断生产创新、有价值的视频，并使其成为真正的爆款。

（三）用户痛点抓取方法

用户痛点是消费者在购买产品过程中最直接和强烈的需求。对于服装行业而言，用户痛点可能涉及身材、品质、价格、风格、搭配等方面的需求，因此，短视频营销的成功离不开对用户痛点的深度理解和挖掘。为了挖掘用户痛点，服装类短视频创作者可以从以下三个维度进行思考：

1. 深度

当制作者创作服装类短视频时，需要考虑用户对该品类产品的基本需求，以及需求背后的逻辑和动机。例如，用户可能有一定的面料、材质、设计喜好等要求，或是对某件产品有情感依赖，或是期望获得专业的建议和购买指导等。为了挖掘深层次的痛点并满足用户的需求，制作者可以利用品牌情感营销和故事营销两种不同的技巧以达到目的。

在品牌情感营销方面，视频创作者可以通过创造短视频场景来抓住用户的情感共鸣，从而加强品牌与用户之间的情感联系。例如，某国际品牌在照片墙（Instagram）上推出了一只名为 WhoIsLiu 的短视频广告，通过新颖的叙事方式、富有美感的画面和情感感染力，成功地打造出了品牌的文化形象和对用户情感诉求的强烈回应。

而对于故事营销方面，视频创作者可以通过编排戏剧化的情节来吸引用户的注意力，鼓励用户进行购买行为。例如，某个时尚品牌的产品短视频，在展现产品属性和实用性的同时，巧妙地将产品与用户的生活场景融合，呈现出诱人的穿搭效果，带给用户切实的购买动力。综上所述，品牌情感营销和故事营销是制作者可以采用的两种不同的营销技巧，这些技巧可以帮助制作者更好地理解用户需求，从而创造出更引人入胜的服装类短视频。

2. 细分

细分是指将用户的痛点进行更加精细化的划分和分析。在进行细分的过程中，我们可以引入更多的案例，来帮助我们更好地理解用户的需求和痛点，从而有针对性地制作短视频。我们可以把细分的步骤分为以下四个：

① 对热门服装类别进行一级细分，如针对女性用户可以将服饰品类细分为连衣裙、衬衫、外套等。例如，某个时尚品牌在制作短视频时，将女性衣柜划分为工作、休闲、约会等不同场景，分别制作了适合不同场景穿着的品类短视频，以更好地满足用户的需求。

② 在第一层细分的基础上，可以进行二级细分，例如将连衣裙进一步分为不同的场合、风格和尺码等。例如，某个时尚品牌在制作短视频时发现，为不同尺码的用户提供量身定制的服务具有较高的市场需求，因此制作了以这个痛点为切入点的短视频。

③ 列举不同身材的目标用户群体，并分析他们引发痛点的可能原因。例如，某个时尚品牌在制作短视频时发现，有些特殊身材的用户在穿搭上存在困难，因此制作了一系列的穿搭教程，涵盖了不同的身材需求和穿搭技巧。

④ 在以上步骤为分析的基础上，明确痛点并有针对性地制作短视频内容。例如，某个时尚品牌针对不同身材的目标用户，制作了多个针对性的穿搭视频，为用户提供了量身定制的穿衣解决方案，增强了用户对品牌的好感度和认同感。

通过以上的细分步骤和针对性的短视频制作，我们能够更好地满足用户需求，提高品牌口碑和用户留存率。

3. 强度

强度是指解决用户急需的服装痛点的程度。创作一部能够解决用户急需的短视频，能够极大地提高市场转化率。在制作过程中，服装营销短视频创作者有以下几种方法可以用来了解用户的高强度痛点并制作有针对性的视频：

（1）观察评论区。评论区是了解用户想法的一个很重要的渠道，通过评论区，创作者可以得知用户对于衣服材质、舒适度、风格等方面的需求和痛点，并针对这些问题创作短视频。例如，一家时尚品牌在制作短视频时，因为用户反映在炎热天气衣服容易出汗不舒适等常见问题，品牌就推出了针对夏季衣物透气性和轻盈感的短视频，以解决用户的高强度需求。

②针对赛事等特定活动创作视频。某些特定的活动或赛事对用户的购买需求会产生很大的影响，在这些活动期间，创作者可以针对性地制作营销短视频来满足用户的急需。例如，运动品牌可以在奥运会等重大运动赛事期间，根据用户对品牌产品的认知价值感到的急需，制作针对性的营销短视频以提高用户购买欲望。

③随时关注流行趋势。创作者可以时刻关注时下的盛行趋势，在这些趋势中发现用户的强烈需求并制作针对性的短视频。例如，某一季时装周上出现了明星示范搭配风潮，品牌可以制作以这种搭配为主题的短视频来吸引用户的关注和提高购买意愿。

强度是制作营销短视频时不可忽视的因素，只有解决了用户最急需的、最迫切的需求，才能赢得更多的市场份额和用户忠诚度。

本章节的任务实施、任务评价、知识题库内容扫描二维码在线阅读、练习

任务 2.3 服装推广策划

【思维导图】

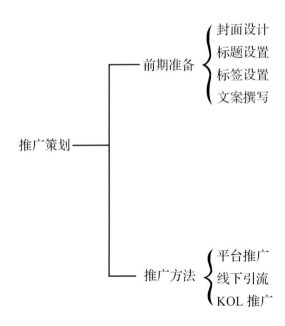

推广策划

前期准备
- 封面设计
- 标题设置
- 标签设置
- 文案撰写

推广方法
- 平台推广
- 线下引流
- KOL 推广

【任务导入】

为柳州市红裳民族服装品牌夏季新品短视频做出推广计划并上架短视频平台，为其实现商业价值。必须先了解该品牌服装夏季新品短视频的内容要点，分析顾客群体并根据所投放的短视频平台进行短视频的推广策划，需完成短视频的封面设计、标题设置、标签设置以及文案撰写等，选择适合的推广方法分别进行平台推广、线下引流和 KOL（关键意见领袖）推广。

（一）知识目标

了解短视频封面设计、标题设置、标签设置和文案撰写的方法，了解短视频推广的技巧。

（二）技能目标

能掌握短视频封面设计、标题设置、标签设置和文案撰写的方法和掌握短视频推广的技巧，能进行视频推广的运营策划。

（三）素质目标

具备较强的系统化思维和文字表达能力，遵守职业道德，在进行视频推广策划中不弄虚作假，能够在视频推广策划过程中坚持科学的价值观和道德观。通过短视频推广策划的实操，培养敬业爱岗的职业精神和规范操作的工作素养。

【知识学习】

一、前期准备

（一）封面设计

短视频封面是用来展示短视频核心内容的画面，短视频封面设计的好坏会直接影响短视频的播放量。想要短视频的播放量能有所提高，就需要为短视频设计一个具有吸引力的封面。

1. 具吸引力封面的特质

（1）引起关注

想要快速地抓住用户的注意力，那么短视频的封面必须要有足够的吸引力。

①封面人物的表情要夸张，夸张的表情能够传递丰富的情绪信息，并且相比于表情平淡的封面，使用人物的夸张表情作为封面的时候，往往更能吸引观众的评论和热议。例如小红书上"啵一口月亮"博主夸张的封面表情能快速地抓紧观众的眼球。

②当封面中的各类元素进行强烈的对比时，用户的情绪反应就越强烈。元素之间的对比效果强烈，就越容易吸引用户去进行点击观看。例如小红书上"鳌大人的包小姐"短视频封面中多元素的强烈对比吸引了许多人的眼球。

③每个人都会拥有好奇心，通常好奇心的驱动会让人的情绪反应产生积极而愉悦的变化，一个好的封面就需要引发用户的好奇心，而因此产生的积极的情绪反应能够引起用户的期待感，进而产生想要点击观看的欲望。例如小红书上"红崑"博主封面中设置的悬疑情节吸引了观者的眼球。

④在封面展示出戏剧性。戏剧性就是把人物的心理活动通过肢体动作、面部表情、对话等直观表现出来，直接诉诸观众的感官，从而吸引用户的观看欲望。例如小红书上"天青色"博主封面中表现出的强烈戏剧性，深深地引起了用户的观看欲望。

（2）展现亮点

短视频要通过展示其精华或者亮点部分才能有效地吸引用户的关注，所以可以在封面展示短视频的精华或者亮点来吸引用户点击观看。

①具有亮点的封面设置能够让用户快速地了解每个视频的核心价值；同时，用户可以在短视频个人主页，通过封面快速地获取想要的视频内容。

②通过封面，展示短视频的亮点。想要对用户进行一个持续的输出，则需要利用短视频中出彩的内容以及富含的个人特质作为封面，这样能够让用户形成"记忆点"。

例如：短视频的内容是知识点的讲解，可以把知识点用文字罗列在封面；短视频的内容是服装搭配类的，可以把所有需要展示的服饰拍摄出来的图片作为封面（图2.3-1）。

2. 封面要求

（1）图片明亮清晰

选择明亮清晰的图片作为封面素材，能够大幅提升用户的视觉体验。

（2）素材布局简单明了

制作封面时需要挑选布局简单、背景干净清晰的素材，这样容易让用户抓住重点。

图 2.3-2　创作者在发布时打标签的界面

2. 精准的标签

短视频的标签要提炼出短视频内容的核心要点，以强化标签的认知度。短视频的标签类别太宽泛并不能让我们的用户群体变多，而有可能无法定位到我们的目标用户群体。例如，服饰类短视频要添加"小香风""复古""连衣裙""潮牌""明星同款"等标签，只有这样，短视频才能被精准地分发到核心用户群体中，从而大幅度地增加短视频的点击率。

3. 合理的标签范畴

既不能太宽泛也不能太细分，是合理的标签范畴。过于宽泛的标签显得没有特色，无法在大量竞品中脱颖而出；而过于细分的标签会使短视频的用户群体限定得太狭窄，从而失去很多潜在的用户群体。例如，一条关于"色彩调色盘"的服饰搭配推荐的短视频，比较合理的标签是"服饰""色彩""服饰搭配"等，如果只添加"色彩"一个标签，其标签范畴就太宽泛，无法在大量竞品中脱颖而出。

4. 紧追热点

对于热点，很多的短视频平台都会相对有流量倾斜，所以在给短视频打标签时，想要增加短视频的曝光率，获得更多的推荐，就需要尽量地追热点。当然，值得注意的是，所追的热点应该和自己的短视频内容相关，否则不但不能增加流量，还可能流失原有的用户。

（四）文案撰写

1. 每一条高流量的短视频都拥有一个好的文案（图 2.3-3）。

短视频的文案类型虽然很多，但是都遵循共同的原则，就是要能调动用户的感情和引发用户的共鸣。文案的撰写步骤（图 2.3-4）。

（1）搭建文案框架

列出文案的写作大纲，这样才能确定文案的创作方向。

① 确定文案观看用户。

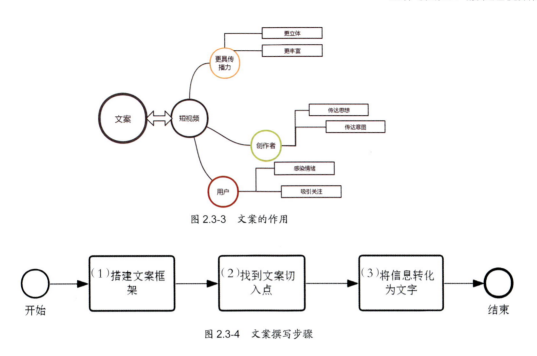

图 2.3-3　文案的作用

图 2.3-4　文案撰写步骤

② 确定文案传达的信息内容。

③ 确定文案能给用户情感推动。

④ 确定文案得到的结果。

（2）找到文案切入点

搭建好文案的框架后，需要将前期收集和掌握的信息进行筛选和整理加工。

⑤ 确定短视频内容主题。

⑥ 确定短视频内容的切入点。

（3）将信息转化为文字

根据确定的主题，将筛选和整理好的信息转化成文字，形成最终的文案。

2. 优质的短视频文案特点

（1）紧抓痛点

能够直击用户内心并与其建立感情连接的短视频文案，一定是能够紧抓用户痛点的短视频文案。这类文案能够很好地提高短视频的互动量及完播率。

（2）构建场景

具体化的构建场景是优质短视频文案的一个特点。例如要想在短视频中展现一款夏季服装产品，就要营造该产品的使用场景，如休闲、娱乐、通勤等，这样用户就能直观地了解这款服装的特性。

（3）细节描述

有细节描述的短视频往往比一般的短视频更具感染力，用户通过文案的细节描述能够联想到更多的信息，从而增加用户对短视频的好奇心理。

（4）有引导性

有引导性的文案让用户对短视频的内容充满期待，会促使用户马上打开短视频进行观看。例如有一条教用户穿泳装，如何扎漂亮的发带的短视频文案内容就极具引导性，短短几个字就给用户带来了强烈的期待。

（5）通俗易懂

通俗易懂的文案能让短视频的传播影响力增强，因为通俗易懂的文案能够让用户快速了解短视频的主题内容。

3. 短视频领域常用的文案类型

（1）互动类

互动类文案通常使用开放式问题，一般使用疑问句和反问句较多，这类文案可以增加短视频的完播率和评论数。例如：下期节目你想看哪个服装店铺的探店呢？请给我留言、评论吧！

（2）叙述类

这样的表述能够为用户呈现一个很有画面感的场景，使其仿佛置身其中，很容易产生感情共鸣。叙述类文案通常以第一视角为用户描述一个真实且具有画面感的场景，让用户能通过文案感受置身其中，引发用户的感情共鸣。例如：看到母亲再次穿上她做姑娘时穿的衣裳，她脸上发出的久违的笑容让我似乎看到了那个 20 岁风华正茂的母亲。

（3）悬念类

在文案中留有悬念，可以吸引用户想要持续关注，比如很多搞笑类的短视频会在最后留有一个反转的情节，让用户感到意外的同时会产生继续看下去的冲动。所以在撰写悬念类文案的时候要注意留有悬念。

（4）段子类

段子类文案一般轻松幽默、气氛活跃，创作者可以把当今线上比较热门的段子运用到文案中，这样容易吸引用户的互动和持续关注。

（5）正能量类

正能量文案通常用来传达正能量为主，一般以励志、善意、同情心以及亲情、友情等为内容。比如，150 斤的我如何靠穿搭显瘦。女性在服饰穿搭上大都希望显瘦，当这类女性看到这条短视频，觉得自己也能做到就会一直看下去。短视频中列举的方法适合读者，用户就会持续地关注。

二、推广方法

（一）平台推广

本章节介绍 10 个短视频平台的内容推广技巧，通过技巧的运用可以促进短视频的平台内容推广。

1. 生活化——用户需求的满足

在制作短视频内容时，要贴近人们的真实生活，要能够帮助人们解决平时生活中遇到的一些问题，或者可以让人们了解生活中的一些常识，这样才能引起用户关注。用户看到这一类短视频，都会基于生活的需要而忍不住点击播放。例如，小红书上"佩佩不长肉"博主生活化的短视频，是一个贴近生活的短视频案例。

2. 第一视角——增加真实感

利用能体现亲身实践、亲眼所见和亲耳所听的"第一视角"来进行叙述和说明，打造一个有着鲜明个性化特征的角色就更能增加真实感，也更能引导用户去关注。例如可以通过真人出演来提升信服感，特别是在有行业达人或者流量明星的参与的情况下其关注度将会更高，传播效果也会更好。

3. 借助热点——获取流量

借助热门内容的流量并激发用户共鸣，一是寻找用户关注的热门内容，另一方面，运营者可以利用短视频 App 上的一些能快速、有效获取流量的活动或话题，参与其中进行推广，这样也是能增加短视频内容的曝光度和展示量的。

关于推广短视频的热点的寻找，可以利用的平台和渠道还是很多的，且各个平台又可通过不同渠道来寻找。在抖音平台上，可通过图 2.3-5 所示四个渠道洞察用户喜欢的热点内容。例如抖音音平台上有博主仿照李佳琦的直播方式推荐国风衬衫。

图 2.3-5　短视频热点获得渠道

4. 洞察抖音用户喜欢的热点内容的渠道分析

快速地实现运营推广目标，可以选择图 2.3-6 所示四类内容中的热点内容。

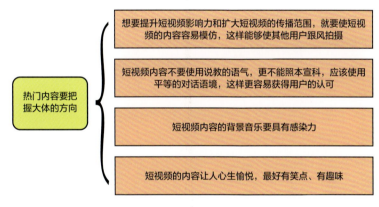

图 2.3-6　短视频热点内容类型

5. 讲述故事——曲线营销

在打造优质的短视频时，要尽量向客户传达重点信息，这里的重点不是营销人员认为的重点，而是客户的需求重点。

在短视频中传递信息内容时，为了避免让客户产生抵抗和厌烦心理，可以采取讲故事的形式来进行展示，如何更好地用讲故事的方式来表达。

6. 引起共情——让客户欲罢不能

短视频内容多是以青春、亲情、励志、感人等为主题的，以唤起人们共同的情感，让更多的用户从短视频内容中找到自己的影子，体会到与自己相似的人生体验，带给观众关于人生面的思考，从而引起共鸣，并让用户更加热衷于观看和分享短视频。

7. 趣味加分——吸引注意力

推广短视频时，可以在短视频添加趣味的情节，使用充满趣味的解说词以及创新表达方式，以吸引用户的注意力，这让用户在观看短视频后主动分享给身边的人，这样就会达到更好的效果。

8. 震撼冲击——视频更具张力

富有震撼冲击力的短视频更富张力，实现途径如图 2.3-7 所示。

短视频的优势还可以从宣传整体、展示细节、直观全局以及细观局部四大板块体现出来，企业在打造与产品相关的短视频内容时，要谨记从这四个方面去思考、去完善。

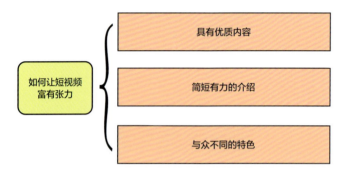

图 2.3-7　让短视频富有张力的途径

9. 丰富场景——具体形象

把用户的生活场景与短视频的内容结合起来让短视频内容的呈现更形象、具体。为短视频中运用的比较多的方法，如图 2.3-8 所示。

10. 黄金时间——提升转化率

短视频的开头几秒是短视频内容中视听率最高的时段，我们把它称为"黄金时间"。想要最大限度提升品牌和短视频内容的推广效果，运营者就要在推广短视频广告时正确利用黄金时间。图 2.3-9 所示为把握好黄金时间的五大要点。

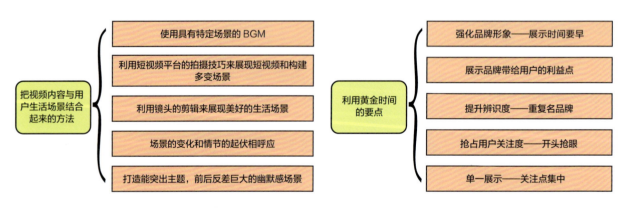

图 2.3-8　视频内容与生活场景的结合　　　　　图 2.3-9　把握黄金时间的五大要点

（二）线下引流

本章节以线下场景为例，解释短视频在线下的引流场所和引流方法。

1. 电梯引流

短视频推广的一个重要场景就是社区电梯。人们在乘坐电梯的间隙，为了避免无聊和尴尬感会主动观看短视频广告，从而达到引流的目的。但是值得注意的是，虽然在电梯间投放的短视频广告比较短，通常只有几秒钟，但是所推送的内容应该要符合该社区用户的需求，这样才能收获比较高的转化率。

2. 地铁引流

很多大城市都有地铁，乘坐地铁的人群通常以上班族和商务人士较多，他们通常在地铁上要度过比较长的空白时间，所以在地铁上做短视频推广是一个不错的选择。值得注意的是，在进行地铁的短视频广告的运营推广时，应该根据地铁的路线和不同层次的人群进行个性化、精准化的投放，从而实现有效推广。

3. 商圈引流

一般年轻、时尚和有个性的消费者聚集在城市商圈。所以针对消费者的属性，在商圈可以进行时尚或者科技前沿品牌的短视频广告推广。

4. 交通途径引流

除了地铁，凡是交通的必经途径和交通工具，都可以进行短视频的推广，例如公交、出租、火车和高速公路等，它们的消费群体一般都有共同的特征，可以根据消费者的特征进行有针对性的投放。

5. 候车亭引流

为什么在公交候车亭里，短视频广告即使播放了很多遍，但是人们会去观看。这是因为在无聊的候车间隙，人们需要一个关注点来满足视觉需求。所以在候车亭做短视频的广告推广有一定的优势。

6. 村镇引流

随着我国社会经济的逐渐发展，消费发生了很大的变化，消费的重心从大城市向小城市转移，小镇青年逐渐成为主力消费人群的一部分，村镇超市、卫生所等场景已成为中国企业品牌短视频广告推广渠道下沉的首选场所。

（三）KOL 推广

KOL（关键意见领袖）是指拥有更准确的产品信息，且为相关群体所接受或信任，并对该群体的购买行为有较大影响的人。企业如何在互动中吸引用户的注意力，进行品牌的传播和商业转换，这就要求企业利用好碎片化的时间，而 KOL 推广正是这样一种有效的手段。

1. 利用 KOL 推广的方式方法

① 在发布的短视频中巧妙地插入产品的信息，与影视剧里中植入广告相似。

① 当短视频企业利用 KOL 做品牌或者产品的推广则可以直接发布产品。

2.KOL 推广的合作流程

（1）相匹配的 KOL

想要更好地进行产品推广，就需要寻找与自身产品相匹配的 KOL，这样才能更好地使产品曝光后的转化率提高。例如，时尚服装企业可以找一些时尚潮人或者服饰穿搭达人进行 KOL 推广。

（2）KOL 成功案例

KOL 可以把自己曾经与企业合作推广的成功案例展示给企业，并进行报价，这样有利于推进各项业务的洽谈。

（3）产品信息

在 KOL 和企业达成合作的意向以后，企业需要给 KOL 提供自身产品的主要信息，要求 KOL 拟定详细的推广方案。KOL 对所要推广的产品进行详细透彻的了解，这样才能做出合理又定位准确的推广方案。

（4）产品评估

KOL 在进行推广方案的拟定前，需要对产品的各项信息进行评估，例如产品的特征、卖点以及目标用户的订购流程。

（5）创意策划

KOL 通过短视频进行产品推广，拼的就是创意。所以，企业与 KOL 进行合作时，应该重点考察 KOL 的创意团队，因为创意团队是否优秀，决定了与 KOL 合作的收益是否能最大化。

（6）合作确定

一般来说，企业如果对 KOL 的资源创意报价感到十分满意，认为该 KOL 与自身产品相匹配，就会选择合作。双方在签订合作之后，就可以具体执行相关事项了。

（7）短视频拍摄与验收

KOL 根据前期制定的推广方案和创意方案进行短视频拍摄，并在拍摄过程中与企业密切配合，按时拍摄完成短视频并交给企业进行验收，并针对企业提出的修改意见进一步对短视频进行优化和完善。

（8）短视频发布推广

当短视频通过企业的验收以后，KOL 就可以按照既定的推广时间发布短视频进行推广了。

（9）数据总结报告

企业可以通过 KOL 提供的短视频播放量及评论数等各项数据了解短视频的曝光率，从中看到所投资的资金有所回报。

3. 合作注意事项

① 企业与 KOL 合作做短视频的推广为的是扩大自身品牌或者产品的影响力，所以必须让推广短视频能在同一用户面前多次的曝光，短视频的发布数量必须达到一定的数量才能达到既定的效果。

② 在短视频发布时要注意平台发布的规则，一些短视频平台会对明显带有广告痕迹的短视频直接删除或者限制流量。这就要求如果出现被删除视频的情况时，要及时地补发短视频。

③ 利用知名人士进行短视频的推广并不是万能的，需要选择适合的知名人士能符合用户群的特点和喜好，那也才能使知名人士的效应在推广中效果最大化。而当合作的知名人士有劣迹，那么这些劣迹很可能对推广会起到相反的作用。

④ 企业最好请有严谨的数据分析能力、鉴赏能力、沟通能力和资源整合能力的专人专员负责短视频推广，还要把控短视频的投放渠道，只有这样才能做好短视频的推广。

⑤ 不要只局限于短视频平台，企业进行产品推广采用多渠道多平台进行组合推广方式，统合发力，这样能够让转化率得到更高的提升，从而能获取更多的利润。

本章节的任务实施、任务评价、知识题库内容扫描二维码在线阅读、练习

任务 2.4 服装拍摄技巧

【思维导图】

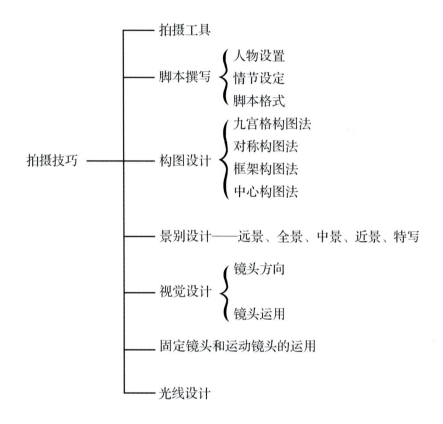

【任务导入】

由于短视频平台如抖音、快手和小红书等的普及，越来越多的服装商家开始进军这个领域，目的在于争夺这些平台上的流量。红裳品牌服装店民族风系列服装为迅速打开抖音等短视频平台市场，区域销售执行官根据自身品牌特点，策划拍摄一系列短视频。在拍摄前，销售推广人员要了解拍摄工具，掌握景别设计、构图设计、视角设计、运动镜头设计、光线设计等拍摄技巧，并根据服装品牌特点撰写视频拍摄的脚本，然后完成视频拍摄。

【学习目标】

（一）知识目标

了解常用拍摄工具，掌握景别设计、构图设计、视角设计、运动镜头设计、光线设计等拍摄技巧的概念和作用。

了解短视频脚本撰写的内容，掌握短视频脚本撰写的方法。

（二）技能目标

学习并掌握视频脚本的撰写方法和视频拍摄技巧，完成短视频拍摄。

（三）素质目标

通过短视频脚本撰写训练及拍摄训练，培养学生团结协作的职业素质。

【知识学习】

随着社交媒体和短视频平台的兴起，服装短视频成为一种新兴的宣传和营销方式。与传统的平面拍摄不同，服装短视频需要更加注重节奏、画面感和视觉冲击力。本章将探讨如何拍摄出优秀的服装短视频，其中包括策划、拍摄和后期处理等环节。本文旨在为有志于投身服装短视频拍摄的人士提供一些参考和指导，以提高作品的质量和吸引力。

一、拍摄工具

俗话说工欲善其事必先利器，对于短视频拍摄者来说，选好拍摄设备对于短视频的拍摄质量有着直接的影响。接下来，我们将介绍一些常用的短视频拍摄工具、拍摄软件和辅助设备，以便帮助你在拍摄过程中更好地实现创意表达。

（一）短视频拍摄工具

当今可以用来拍摄短视频的器材种类繁多。作为一种简单易用的选项，您可以使用可以录制短视频的手机，这是许多人用于拍摄短视频的首选工具之一。如果您想获得高清的短片效果，建议选择像素比较高的手机。如果有条件的话，手机、微单、专业摄像机、无人机都可以，但专业的工具拍摄出来的短视频效果更好（图 2.4-1）。

图 2.4-1　各种各样的服装短视频拍摄工具

（二）手机视频拍摄 APP 工具

1.抖音、快手、美拍、微视等

用户可以充分利用抖音、快手、美拍、微视等在线视频平台的在线拍摄功能来制作有趣的内容（图2.4-2）。此外，这些平台还会免费提供各种视频特效和素材，让用户可以更加轻松地制作优质视频。新用户也不用担心各种功能如何使用，这些 APP 都有使用教程。

抖音 LOGO　　　　快手 LOGO　　　　美拍 LOGO

图 2.4-2　具有拍摄功能的常见短视频平台 LOGO

2. 无他相机 APP

无他相机 APP(图 2.4-3) 是一款由上海本趣网络科技有限公司研发的免费照片和视频处理软件，其内置多种美颜特效，例如磨皮和瘦脸。此外，该 APP 还支持手动调节实时 P 脸功能，使用户能够在拍摄视频时瞬间美化肌肤。无他相机 APP 还提供了各种好莱坞电影级别的特效，占比高达 55%，即使是不具备专业拍摄技能的用户，也能轻松制作出惊艳大片。除了这些特性，无他相机 APP 还支持自制专属特效表情的功能，使得用户可以通过 AR 相机自由地处理视频。

开启自拍新世界

图 2.4-3　无他相机 APPLOGO

3. 轻颜相机

轻颜相机 APP（图 2.4-4）是一款在 2018 年 5 月发布的美颜相机 APP，由脸萌科技有限公司推出，旨在为用户拍摄时提供美化肌肤的功能。这款应用拥有与众不同的滤镜和图片处理工具，让用户可以自由地调整照片的亮度、饱和度以及其他细节参数，实时脸部微调，支持定制化保存五官模板，从而达到更为美观和自然的视觉效果。此外，该应用还包括多种基础功能，如智能剪辑、裁剪、调色和旋转等操作（图 2.4-4）。

图 2.4-4　轻颜相机 APP 图标

（三）手机视频拍摄辅助工具

短视频拍摄创作有很多拍摄辅助工具，下面介绍一些实用又便宜的工具。

1. 手机稳定器

使用手机稳定器能够降低新手拍摄短视频时手不稳导致的画面抖动问题（图2.4-5）。下面介绍三款常见的手机稳定器：

图 2.4-5　服装短视频拍摄常用辅助设备——手持稳定器

① 大疆灵眸 3：一款出色的手持稳定平台，其具有易于操作的特点，并且可以帮助用户拍摄稳定的高质量视频，但是它不支持盗梦空间功能。

② 智云 4：一款功能强大的智能云台，具备多种功能和盗梦空间功能，但是使用起来较复杂。

③ 魔爪 minimi：一款超轻便的手机稳定器，适用于绝大部分主流手机，并支持多种高级操作，如无线充电、双向启动、目标识别、盗梦空间等。

手机稳定器的核心设备是云台，云台拥有多种功能：

① 在拍摄时，云台可以自由旋转，实现顺畅变焦、准确调焦和流畅自然的变焦，从而展现更好的画面。

② 云台带有丰富的操作键，使得在拍摄过程中，不必反复增加触屏的次数，从而能够减少繁琐流程。

③ 云台可以更好地捕捉动态的镜头，避免镜头的丢失和模糊。

④ 支持多种手机系统，如安卓手机和苹果手机。

⑤ 云台非常轻便，不会增加拍摄的负重感。

⑥ 多数云台支持延时拍摄，因此，不管是自拍还是他拍，都能够轻松掌握。

2. 三脚架和八爪鱼支架

三脚架和八爪鱼支架起到稳定相机的作用，能够保证画面不会受到抖动和晃动的影响（图2.4-6）。如夜景拍摄、微距摄影等方面都离不开它们的帮助，它们在夜景拍摄、微距摄影等方面都具有非常重要的辅助作用。因为在夜景拍摄、微距拍摄场景下，需要较长的曝光时间和更高的稳定性，三脚架和八爪鱼支架可以提供稳定支撑，帮助实现更好的拍摄质量。

三脚架　　　　　　　　　　　　　　八爪鱼支架

图 2.4-6　服装短视频拍摄常用辅助设备——三脚架和八爪鱼支架

图 2.4-8　服装短视频拍摄常用辅助设备
——手机广角镜头

图 2.4-7　服装短视频拍摄常用辅助设备——滑轨

3. 滑轨

在短视频拍摄过程中，想要实现创新、独特的效果和拍摄手法，离不开高级的拍摄设备和精细的制作技术。使用摄像滑轨是其中重要的一种手段，它能够帮助拍摄人员实现诸如镜头平移、旋转拍摄和时间延长摄影等各种特效（图 2.4-7）。通过精心设计和运用这些特殊的拍摄技巧和设备，拍摄人员能够突破传统的制作模式，打造出更加精彩、震撼的短视频作品。

4. 手机广角镜头

在视频拍摄中，手机广角镜头可以辅助视频拍摄者完美地捕捉一些美好瞬间（图 2.4-8）。手机广角镜头是一款功能强大、价格亲民的相机附件，能够帮助你实现特殊拍摄效果和变形效果。广角镜头可以将更多景物装进手机相框，让画面看起来更加开阔，从而更好地体现出画面的氛围和背景，而且超广角透视能够让画面更加生动，更加有活力。在使用广角镜头进行拍摄时，由于它的畸变效果，人物可以像拉长一样显得更瘦。总的来说，手机广角镜头可以帮助我们更好地发挥视频拍摄天赋，充分表现美好事物。

5. 背景布

要制作出高质量的短视频，不仅需要拥有拍摄技巧和专业设备，一个合适的拍摄场景也是非常重要的（图2.4-9）。背景布是一种低成本、实用的拍摄道具，非常适合用于室内外场景的拍摄。在室内进行视频拍摄时，如果背景太杂乱，会降低整个画面质量，影响观众的观赏体验。使用简单的背景布可以提高画面在视觉上的美感，提高作品的质量。除了常见的黑色和白色幕布外，淘宝等网站还提供了各种颜色、图案、定制的幕布选择，例如绿幕、蓝幕、红酒架幕等，以满足各种不同的场景需求。在固定幕布时，我们可以考虑使用无痕钉或蓝丁胶，其既可以达到固定的效果，又不会破坏墙面。总之，背景布是一种非常实用、性价比很高的摄影道具，在各种拍摄中都发挥着重要的辅助作用，帮助我们创作出更高质量的作品。

6. 直播美颜灯

美颜灯是一种摄影工具，通常分为小型美颜灯和落地美颜灯（图2.4-10）。美颜灯主要用于解决拍摄环境下的光线问题，并且提高拍摄的画面质量。它不仅能够增加画面亮度和美观度，还可以有效地避免黑眼圈和眼袋等因灯光问题而引起的画面缺陷。此外，美颜灯还可以根据不同的拍摄场景和需要，调节不同的灯光模式，例如暖光模式、冷光模式和自然光模式，来创造出更适合的效果。小型的美颜灯成本低廉，售价通常在10～30元之间，可以随身携带，而落地美颜灯的售价通常在200～300元之间，拥有更加实用的功能。总的来说，美颜灯是一种非常实用、经济、高效的摄影工具，可以帮助我们更轻松地应对光线问题，提高拍摄质量和效率。

7. 话筒

常见的手机可用话筒有电容话筒、领夹式话筒等，如果你想录制高质量的声音，最好配一个外置话筒（图2.4-11）。

图 2.4-9　常见服装短视频拍摄摄影棚背景布

图 2.4-10　服装短视频拍摄常用辅助设备
——小型美颜灯和落地美颜灯

图 2.4-11　服装短视频拍摄常用辅助设备——话筒

二、脚本撰写

短视频拍摄首先要确立核心内容，明确所要拍的主题是什么，然后再在这个大主题下进行短视频脚本的撰写。撰写短视频脚本是短视频制作的一项重要前期工作。短视频时长虽然较短，但是每个镜头的设计和组合都需要精心计划。一个好的短视频脚本可以为拍摄和后期剪辑提供有效的指导和帮助，短视频脚本有统领全局，提升视频制作质量的作用。撰写的短视频脚本除了帮助我们更好地控制拍摄的时长和镜头的效果，避免因为拍摄时的漏洞或错误而浪费时间和资源外，还可以协助我们进行场景和人物构思，更早地发现和解决拍摄中可能遇到的问题，提高拍摄效率和质量。总而言之，在短视频的制作过程中，撰写脚本环节是非常重要、不可或缺的一步。

（一）短视频脚本的框架结构

在撰写脚本之前，需要从拍摄主题定位、情节构思、人物关系梳理、时间场景选择、音乐音效确定等方面完成脚本框架的搭建，然后根据框架进行脚本撰写。

1. 拍摄主题的定位

对于短视频拍摄来说，做好脚本主题的定位很重要，脚本主题的定位是脚本创作的最核心的环节。基于短视频黄金三秒原则，具有较强视觉冲击力的镜头，能够在视频的最初牢牢锁住观众眼球。对于服装推广短视频来说，脚本的定位可以从以下几个方面来考虑：

① 服装的适用人群。所推广的服装适合什么年龄段、什么气质的人群穿戴。

② 服装的适用场合。不同的场合会有不同的故事，我们可以从所推广的服装适合于什么场合穿戴，结合不同场合可能发生的故事进行脚本定位。

③ 服装的特色。所推广的服装有什么特色，如有何特殊生产工艺，或使用了什么非遗技艺，融合了什么民族元素或时尚元素，服装材料的环保性如何等，应尽可能地挖掘服装与其他品牌不同的地方，围绕着自己的特色进行剧情创作。

④ 品牌的理念。每个服装品牌都有自己的设计理念，我们可以从思考及提炼自己的品牌理念入手，以品牌理念为主题讲述品牌故事。讲好品牌故事对品牌维系与消费者之间的"情感"有很重要的作用，一个好的品牌故事可以向消费者传达品牌独有的特质和精神内涵，通过不断打造有创造力、有意义和有价值的品牌形象和产品，可以加强消费者对品牌的认知、信任和喜欢程度，从而提高消费者和品牌之间的黏合度。较高的黏合度可以帮助品牌吸引更多的目标消费者，并且激发他们的购买意愿。

2. 情节构思

当明确故事主题之后，接下来的关键步骤就是围绕主题构思故事情节。

（1）何谓故事情节？

故事情节是视频内容构成的要素之一，短视频的故事情节必须要紧凑，必须在短时间内快速抓住用户的眼球。

（2）怎样使情节富有戏剧性，吸引人注意？

要创作出一部优秀的短视频故事片，最重要的就是要突出故事的主题和人物。首先，需要清晰明确的定义故事的主题，然后将人物的角色定位在主题中心，让他们的故事贯穿始终，切勿过分偏离主题。其次，应紧密围绕主题和人物的性格特点，寻找素材，发展故事，确立最核心的情节主线。这个情节主线对于故

3. 分镜头脚本

分镜头脚本是视频制作中一个必不可少的环节，其中包含极为详尽的拍摄内容和步骤。它的作用是为拍摄、后期制作以及配乐制作提供蓝本和指导依据，确保整个视频的制作流程得以无缝衔接和顺利进行，主要包括的内容及案例示范如图 2.4-13 所示，分镜头脚本可以帮助制作团队最大限度地呈现出创作者的作品内容。

分镜头脚本常用格式

镜号	机位	景别	摄法	时间	画面内容	解说词（对白）	音响	音乐	备注

分镜头脚本实例

镜号	机位	景别	摄法	时间	画面内容	解说词（对白）	音响	音乐	备注
1	正面	远景	固定镜头	3秒	舞台上一片黑暗，忽然一盏聚光灯亮起，刺眼的聚光灯下隐约看到一个女生的身形		灯光打开声（特效声）		
2	正面	近景	移镜头，下到上，	5秒	灯下女生一动不动，她穿着高跟鞋、时尚短裙，镜头从脚慢慢上移到面部				
3	正面	特写	固定镜头	3秒	主角紧闭的双眼，猛然打开，朝观众酷酷一笑，一个年轻时尚酷酷的女生出现在大家面前		眼睛打开声（特效声）		
3	正面	特写	跟镜头，摄像机跟着女生的走动往后退，景别保持一致	10秒	女生带着自信的微笑一边走着模特步一边面带骄傲地说："皱纹、黑圆圈、痘痘统统走开，年轻没有什么不可以"	皱纹、黑圆圈、痘痘统统走开，年轻没有什么不可以		时尚动感快节奏音乐	
4	正面	中景	固定镜头	5秒	女生停下脚步高傲自信向大家展示自己的美貌，各种照相机一直在拍照，闪光灯在她身上闪个不停				
5	正面	特写	固定镜头	15秒	女生偷偷拿着一罐护肤品，做了一个嘘的手势，神秘地说：XXX 我的自信来源，一般人我不告诉他	XXX 我的自信来源，一般人我不告诉他			

图 2.4-13　分镜头脚本常用格式及案例示范

三、构图设计

（一）构图的概念

构图通常指画面的结构、布局以及不同元素之间的相互关系。在制作视频时，画面视觉效果的好坏很大程度上由构图合理性决定，如比例、位置等。在拍摄时，构图非常重要，因为它需要将现实生活中三维的世界，通过相机镜头再现在二维平面的照片上。通过对画框内景物的取舍和光线的运用，构图可以突出主体、吸引视线，并美化画面。掌握构图的方法是制作短视频时非常重要的一环，因为它可以让短视频的画面更具吸引力。有许多构图方法可供选择，下面重点介绍最常见的几种构图方式：

（二）常见的几种构图方法

1.九宫格构图法（井字构图法）

九宫格构图法是一种非常基础而常见的构图方法，是将画面平均分成九块，并将主体置于划分九宫格的线形成的四个点（或线）上。四个点的相交处形成了画面的视觉中心，这种构图方法符合人们的视觉习惯，使主体更加突出，画面也更加平衡（图2.4-13、图2.4-14）。

图2.4-13　九宫格构图法示范①

图2.4-14　九宫格构图法示范②

2. 对称构图法

对称构图法是一种适用于展现对称物体、建筑和具有特殊风格的物品的构图方法。它最大的特点是稳定、平衡和互相呼应。然而，对称构图法的缺点是如果过度使用，画面会显得缺乏变化和过于呆板。在制作短视频时，尤其要注意不要过度使用对称构图法，因为过多的对称式构图可能会让视频的画面显得缺乏变化，过于平淡，对称式构图适合用在不需要快节奏呈现的内容部分。

3. 框架式构图法

框架式构图是一种将画面以框架的形式展现出来并通过框架引导观众注意画面中的景象的构图方法（图2.4-15）。在短视频中，这种构图方式可以产生一种神秘感，增强画面吸引力。在拍摄时，要留意周围环境，找到能用来搭建框架的元素，如传统的门窗、栏杆、树丛、洞穴，或雨、雪、雾气，甚至是非实体的光影，这些都可以承担框架的作用。通过框架，可以遮挡单调乏味的元素，增加画面的深度和层次感，也可以遮挡一些干扰物体，突出主体，从而获得好的视觉效果。

图2.4-15　框架式构图法示范

4. 中心构图法

中心构图是一种将拍摄对象放置于画面正中央的构图方法（图2.4-16）。它的优势是能够突出主体并形成一种画面的左右平衡感。当画面中唯一存在的要素是主体时，中心构图可谓是最佳选择。然而，这种构图方法的缺点是画面容易变得杂乱无序，因此选择主体时需要谨慎，操作不当会导致照片效果变差。需要注意的是，选择主体时应选取较为饱满的主体，并占据画面的较大部分。不适合使用中心构图的背景应简洁明了，如果没有找到简洁的背景，可以通过调整景深方式，如放大光圈、拉长焦距等来突出主体，从而强化对主体的表现。

图 2.4-16 中心构图法示范

四、景别设计

（一）景别的概念

"景别"是一种影视制作术语，是指摄制影片时所采取的特定背景、地点、环境和构图的方式。在影视制作的过程中，景别是用来增强影片气氛和情绪的一种重要手段。摄影师和导演通常可以通过选择不同的景别，来传达、强化或调整影片中场景的意境，节奏，情感和主题。在视频拍摄中，摄影师需要考虑合适的摄像机位置以获得不同的拍摄效果，因为不同的拍摄位置和角度会对最终的视频效果产生影响。不同的景别会呈现出不同大小的拍摄对象，因此，景别是视频拍摄中需要重点考虑的因素之一，优秀的拍摄者会巧妙地运用不同的景别，以获得最佳表现效果。当然，除了景别的运用，影片的质量还需要考虑其内涵和价值。

景别大小的决定因素包括两个方面：第一个因素是拍摄位置与主体间的距离；第二个因素则是摄像机使用的镜头焦距大小。

（二）景别的划分

画面中成年人身体部分的截取程度被视为决定景别类型的主要因素，它通常分为远景、全景、中景、近景和特写等不同类型（图 2.4-17）。通过选择不同类型的景别，摄像师可以传递不同的情感意境，强调不同的物品并突出视觉效果，例如表现氛围、追求艺术效果或满足创造性需求等。在创作过程中，为了强化某些事件，摄像师常常会交替使用不同类型的景别，从而实现在视觉上的情感表达或改变节奏中的控制。

① 远景：广阔的场面，人物所占比例很小。

② 全景：刚好一个成年人的全身。

③ 中景：成年人膝盖以上。

④ 近景：成年人胸部以上。

⑤ 特写：成年人头部或更小的部位。

图 2.4-17　景别大小示范

（三）景别的功能

景别的具体功能见表 2.4-1。

表 2.4-1　不同景别的功能

景别	界定	功能
远景	广阔的场面	在拍摄中，远景常常被用来展示空间场景的宏大及远景的景象，画面中的人物通常比较小，不是主要焦点。这种拍摄方式通常用于户外拍摄，以景物为主，视觉效果非常逼真。远景画面常被运用于视频的开头和结尾，让整个视频呈现出气势恢宏的感觉或者总结出整个视频的主旨。
全景	人物的全身	全景拍摄是一种将环境和人物完整呈现的拍摄方式。这种拍摄方式可以清晰地展现人物在环境中的动作和位置，使其与环境融为一体，创造出一个生动而有趣的画面。同时，全景拍摄展示了整个场景，包括环境和场景中的人物，帮助观众更好地领会整个场景的氛围和状态，深入了解故事的情节与主题。
中景	人物的膝盖以上部分	中景拍摄被用来展示人物的动作以及环境中一些关键的特定部分，并为人与人、人与物之间的交流和行动提供一个场景。中景的切换和使用是为了更好地塑造画面，让观众能够更加清晰地看到人物的动作，了解环境的特定细节，使人物与情境更加协调统一，同时也更好地满足了叙事的需要。
近景	人物的胸部以上部分	在拍摄中人物占据画面主要位置的环节为近景，近景拍摄会更加聚焦于表现人物的具体表情和动作。这种拍摄方式也能够拉近被摄人物和观众间的距离，人物和观众间容易产生良好的交流，同时也增强了人物在画面中的存在感，使他们能够更加鲜明地展现出特点和个性。
特写	人物的脸部、五官或拍摄对象的局部	在摄影摄像中，特写的拍摄范围最小，最接近拍摄于对象，能够呈现出拍摄对象细节最突出的特色，例如线条、质感、色彩等，这种拍摄方式更能凸显拍摄对象的个性和特征。在特写拍摄中，观众能够近距离地感受拍摄对象的细节并深刻了解拍摄对象，因此在电影、电视剧等作品中经常使用，使观众能更好地投入到剧情之中，产生共鸣。

五、视角设计

拍摄同一个对象时，使用不同的方向和角度可以创造出不同的视觉效果和画面结构，给观众带来完全不同的视觉体验。摄像角度是影响视觉效果的关键因素之一。巧妙地运用摄像角度，不仅可以在视频叙事结构中恰当地展现人物的动作和特点，还可以更好地塑造画面的构图，产生不同的视觉效果。因此，在影视制作中，选择适当的拍摄角度和方向十分重要。

（一）镜头方向

图 2.4-18 展示了常见的摄像镜头方向，而不同的摄像镜头方向会产生不同的视觉效果。因此，你需要根据期望达到的视觉效果来选择最适合的摄像镜头方向，表 2.4-2 给出了摄像镜头方向具体定义及视觉效果。

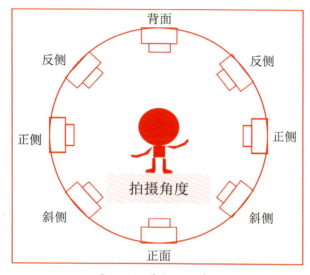

图 2.4-18　镜头方向示意图

表 2.4-2　不同镜头方向定义及视觉效果对比

镜头方向	定义	视觉效果
正面拍摄	一种摄像机和被拍摄对象直接面对面的拍摄方式，摄像机和被拍摄对象之间的线条呈垂直位置	能够表现出被拍摄对象的面部表情、特点和细节，让观众更深入地了解对象。该角度能全面地展现对象的形象和特点，是影视作品中常见的拍摄方式之一。
侧面拍摄	斜侧方向拍摄是指摄像机偏离正面的角度，将被拍摄对象的拍摄位置安排于正面和侧面之间	该拍摄方式可以凸显出对象的正面特征，也可以呈现侧面的形体特征，从而让被拍摄对象更富有变化和立体感，是很多影视作品里经常使用的拍摄方式。
	反侧方向拍摄是摄像机偏离正面角度，将被拍摄对象安排在正面和侧面之间的拍摄方式	反侧方向拍摄可以拍摄对象背面或侧面的形体特征，适用于服装短视频中模特和服饰的背面展示。
背面拍摄	所谓背面拍摄，是指摄像机从被拍摄对象的正后方角度进行拍摄，使其面部背向观众	背面方向拍摄时，所拍人物的面部背对观者，观众只能凭借想象进行猜测。该方法拍摄容易激发观看的好奇心，可运用于换装、素人改造等类型短视频，使用背面激发观看好奇心，给观者造成悬念，再华丽转身给观众以惊喜。

（二）镜头高度

除了镜头方向带来的视觉变化外，摄像机与被拍摄对象之间的高度差异也能够营造出不同的视觉效果。拍摄高度指的是摄像机和被摄对象在垂直方向上的相对高度和位置，其中包括三种不同的拍摄方式：平拍、仰拍和俯拍。在拍摄时，可以根据预期的视觉效果和需要，灵活调整摄像机的高度和角度，以获得最终拍摄效果。这种拍摄手法可以让短视频更有吸引力，从而更好地吸引目标用户（图 2.4-19、表 2.4-3）。

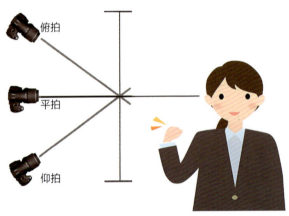

图 2.4-19　不同镜头高度拍摄示意图

表 2.4-3　不同镜头高低的定义及视觉效果

镜头高度	定义	视觉效果	缺点
平拍	指相机的镜头与被拍摄对象处于同一水平线上的拍摄方法	与人们日常生活中观察事物的视角一致，形象饱满，不容易变形，是最具亲和力的视觉高度	过多运用可能会让拍摄画面变得呆板
仰拍	指摄影机从较低的位置向上拍摄被拍对象，以创造出一种引人注目的视觉效果	适合拍高处的人或景物，使用仰拍可以让视频中的主体显得更加修长，凸显出其高度和气势，从而营造出独特的视觉冲击效果。在服装短视频拍摄中，适当的仰拍也可以创造出更加独特和吸引人的视觉效果。对于这种拍摄方式，需要注意调整相机的角度和位置，以获得最佳的拍摄效果	会让所拍摄画面中的人物看上去比较强壮，不适合弱势角色的塑造
俯拍	指摄像机放置在较高的位置，并向下拍摄被拍摄对象	俯拍的视角能够让拍摄出的视频的视野看起来更加开阔，俯拍经常用来表现浩大的场景，展示人物的方位和阵势，会给观者一种居高临下的深远辽阔的感觉	高空俯拍下的人物会显得极为矮小压抑，会让拍摄画面中的人物看上去比较卑微，不利于服装短视频中角色对于服装的表现

六、运动镜头设计

我们常见的视频镜头可以归纳为固定镜头与运动镜头。

所谓固定镜头，指的是在摄像过程中，摄像机的机身、机位以及镜头焦距都不发生变化，从而使得拍摄出来的画面效果稳定。这种拍摄方式可以为观众带来稳定舒适的观览体验，因此是最常用的拍摄方式之

一、在服装短视频拍摄中，通常使用固定镜头结合多样化的场景设计，以展示服装的全貌和细节，适合用于慢节奏的背景音乐，向观众介绍服装设计的特点和优势。但需要注意的是，在使用固定镜头进行拍摄时，演员需要有一定的动作表现，否则画面会显得单调乏味。此外，在拍摄和后期处理时，还需要增添不同的场景和视角设计，以免画面呈现出呆板无趣的现象。

相比于固定镜头，运动镜头在拍摄过程中摄像机的机身、机位以及镜头焦距会有位置上的变化。与固定镜头相比，动态运动镜头可以拍摄出更加贴近生活的画面效果，营造出更加真实自然的视觉体验。在服装短视频中，通常使用运动镜头拍摄演员在动态中展示服饰。在短视频的拍摄中，最为普遍的最常用的五种镜头运动方式依次是推、拉、摇、移、跟，详情见表 2.4-4。所有复杂的运动镜头都可以由上五述种基本运动形式综合而成的。合理地运用不同的镜头运动方式，有助于提高短视频的质量。在拍摄运动镜头时，需要注意视频的稳定性，可以使用手持稳定器、移动三脚架、滑轨等防抖拍摄工具，以确保视频画面的稳定性，避免抖动带来的视觉不适。

表 2.4-4 不同方式的运用镜头定义及作用

镜头运动方式	定义与拍摄手法	作用
推镜头	推镜头指的是被拍摄对象的位置保持不变，镜头从远处向拍摄对象推进的方法。拍摄时，摄像师可以通过匀速或不匀速的方式移动镜头，让被拍摄对象逐渐变大，同时景别逐渐缩小。	通过拉近摄像机镜头的位置来突出所拍摄的主体、重点和细节。该方式可以很好地表现出主体与客观环境之间的关系，以及清晰表现整体和局部的关系。在服装短视频中，常使用该方式，从模特的全身照片切换到展示服装或模特局部的形象。通过这种方式，能更加生动地展示服装和模特的特点和优势，提高观众的观赏体验。
拉镜头	与推镜头相反，是指人物在原地不动，摄影机往后移动机位，镜头由近到远离开被拍摄对象的拍摄手法，拍摄过程中摄像师带动镜头向人物相反方向匀速运动或者不匀速运动，视觉效果是景别慢慢变大，被拍摄对象慢慢变小。	通过向后挪动摄像镜头，来展现被拍摄对象周围的环境和细节。这种拍摄方式通常能够交代环境和物品的关系，突出氛围和情感，并可以创造出戏剧性的效果。在服装短视频中，拉镜头常用在从服装或模特的局部变化转换到展示整体形象的过程中。此外，拉镜头也可以用于展现创意剧情中的反转效果，从而让视频更加引人注目和有趣。
摇镜头	摇镜头是指摄像机在一段时间内以固定的视角、机位和拍摄方向绕着一个固定轴旋转进行拍摄的连续拍摄方式。在此过程中，视角、机位以及拍摄方向都不发生变化。	该拍摄方法就像是被拍摄对象被拍摄者围绕着环顾四周一样。在服装短视频中，常常使用摇镜头的方式，通过不断拍摄服装的不同部位和细节，让观众更贴近地感受服装的魅力。这种拍摄方式能让观众有亲临现场的感受，非常具有代入感。
移镜头	该拍摄方式通过不改变镜头的焦距，沿着一个特定的方向逐渐移动摄像机，来呈现被拍摄对象、景物和细节的过程。	移镜头可以让被拍摄对象随着拍摄设备的移动，逐步呈现在观众面前。与此同时，景别并没有发生变化，这种方式特别适合表现大场面、深层次、多角度的复杂场景，同时也让观众的视线可以从某一物体移向另一物体，或者边走边看，这样能够增强观赏体验。在服装短视频中，经常使用移镜头的方式引导观众关注服装的各个细节，或从其他物体转移到服装上。
跟镜头	是一种跟随被拍摄对象运动的拍摄技法。其中拍摄设备会随着被拍摄主体的移动而移动，但景别保持不变。	该拍摄方式可以创造出真实客观的纪实效果。观众可以通过跟踪拍摄看到与被拍摄主体相同的视角，增强了身临其境的感觉。在服装短视频中，经常使用跟镜头的方式，带动观众跟随着模特一起走动和浏览，增强观众的沉浸感。需要注意的是，拍摄设备在跟随拍摄时需要保持平稳，以避免拍摄出不稳定的画面效果。

七、光线设计

光线设计对短视频而言十分重要，从某种程度而言，懂得了光线的设计，短视频拍摄就成功了一半。简言之，光线设计决定了一个短视频画面的层次，光线运用得巧妙，短视频就会给用户带来高品质的视觉享受。

（一）主光源

主光源是在拍摄短视频时最为基础和重要的光源，而其他灯光只起到了辅助作用。正确地运用主光源可以增强短视频的视觉冲击力（图2.4-20）。

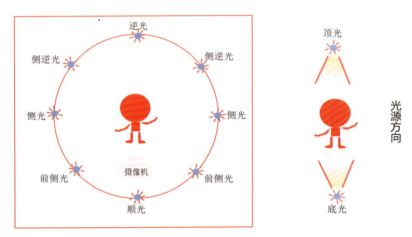

图 2.4-20　光源方向示意图

1. 自然光

自然光是最理想的主光源，因为它的光线有多种变化，时而明亮强烈，时而温暖柔和，时而幽暗冷峻。在使用直射自然光时，可以营造出长长的影子，而在使用漫射自然光时，阴影则会交错、朦胧，非常美丽迷人。因此，我们可以在合适的时间段利用自然光创造出良好的光影拍摄场景，从而为用户制造出极强的视觉冲击效果。

2. 柔光灯

一般拍摄现场所使用的主光都是由柔光灯箱发出的，因为这种光线相对而言较为均匀，控制起来比较方便，经常用于照亮被拍摄对象的轮廓。

拍摄时摄像机应可能地避免靠近主光源，否则会使拍摄出来的人或物看起来平淡无奇，缺少特色和想象空间。

（二）辅助光

辅助光通常是与主光相对应的，其作用是为主光线提供辅助照明。辅助光的创建相对而言比较容易，如手机屏幕或者反光板都可以作为辅助光源。辅助光的作用是对主光源造成的阴影进行补充照明，从而使得视频中人或物的阴影变得浅淡，看起来更舒服，更具艺术感。

①通常辅助光源位于主光源的反面，且光线亮度相对主光源较弱。

②想获得辅助光和主光的最佳光比需要视频拍摄者反复调节辅助光和主光之间的光比，构建起最适合短视频拍摄的光影场景，营造出最佳的视觉效果。

③ 反光板是视频拍摄时常用的一种辅助工具，在拍摄外景时，反光板能够起到辅助照明的作用，有时候也可以充当主光使用。

（三）逆光

逆光是指光线从被拍摄对象的侧面或者后面照射，熟练运用逆光，可以有效地塑造短视频中人或物的立体感，让被拍摄对象显得更加突出。

① 利用太阳光的逆向效果。在拍摄时，避免让太阳光直射在被拍摄对象上，而是采取逆光拍摄的方式。这种方法能够有效提升被拍摄对象的线条与轮廓的清晰度和美感。

② 当太阳光无法利用时，可以尝试从被拍摄对象侧面或背面的角度设置灯光来帮助构建逆光效果，这样视频画面中会出现背光和阴影，制造出视觉上的逆光感。

（四）侧光

侧光指的是从被拍摄对象两侧方向平行射入的光线。在视频拍摄中，采用侧光拍摄技巧，能够让被拍摄对象显得更加立体、分明，可以有效增强视觉层次、立体感，并能让视频画面呈现更加饱满、栩栩如生的效果。通常来说，侧光应和摄像机拍摄方向呈90°角，这种照明方式使被摄对象的轮廓变得更加清晰而且拍摄效果更出色。而侧光拍摄技巧则更适合于拍摄需要突出层次感和立体感的物体或场景。

本章节的任务实施、任务评价、知识题库内容扫描二维码在线阅读、练习

任务2.5 短视频剪辑技术

【思维导图】

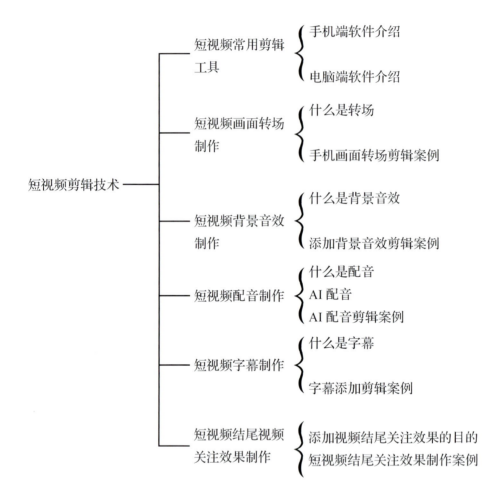

【任务导入】

为迅速打开抖音等短视频平台市场，已根据服装品牌特点撰写短视频拍摄的脚本并完成短视频拍摄，请根据短视频素材合理选择短视频剪辑软件完成短视频整体后期剪辑制作。

知识目标

了解短视频常用剪辑工具，掌握剪辑软件基础操作技巧。

技能目标

能根据短视频制作要求选择对应剪辑工具进行使用。

素质目标

培养敬业爱岗的职业素养和规范操作的工作精神。

【知识学习】

选择短视频剪辑工具是制作短视频后期制作工作的第一步，适合的工具制作出的短视频可以有效吸引消费者的目光，提高工作效率。

（一）短视频常用剪辑工具

1. 手机端软件介绍

（1）剪映软件介绍

"剪映"作为抖音官方出品的短视频剪辑工具，经北京微播视界科技有限公司（抖音APP运营方）授权确认，由深圳市脸萌科技有限公司在中国大陆地区全权负责相关运营、商业推广和宣传等事项。

软件"切割"功能可以对手机所拍摄的视频片段去除不必要保留的镜头，进行视频分割处理。

软件"变速"功效可以肆意将手机视频播放速率进行0.2～4倍的调节处理。

软件"转场"功能可以支持交叉互动、闪黑、擦除等多种常用视频转场效果。

软件"贴纸"功能有抖音独家设计手绘贴纸，可以给短视频增加乐趣。

软件"剪映"APP的"字体"功能有别于电脑软件而独特存在，它自带的字体库、标题库可以帮助操作者瞬间完成各种风格的字幕制作。

"曲库"功能无缝对接抖音所有的歌曲库，可以帮助操作者快速匹配当下最红最流行的音乐。

"滤镜"功能自带多种专业的风格滤镜，让视频色彩达到专业级别。

"美颜"功能能够智能识别脸型，定制独家专属美颜方案。

"剪映"APP目前支持的短视频格式为MOV和MP4。

（2）快剪辑软件介绍

"快剪辑"APP是一款手机视频后期剪辑APP软件。该APP软件是电脑后期剪辑软件的综合简化版，它降低了视频剪辑的制作门槛，可以让剪辑小白快速上手完成手机短视频剪辑制作。"快剪辑"的推出推动了全面剪辑的浪潮，降低了短视频的制作门槛，使得人人都是导演、摄影师、剪辑师。人们通过使用快剪辑软件能够快速完成并分享自己拍摄的作品。

抖音目前官方发布的指定合作平台是"快剪辑"APP。该平台拥有丰富的短视频剪辑教程，快字幕功能能够将语音智能转为字幕，支持17个维度的参数调节，提供最热门的抖音、Vlog音乐，支持本地导入，拥有海量字体和贴纸素材，能够一键适配朋友圈10s、抖音15s，变声功能能够将声音秒变萝莉、精灵、磁性大叔等。

（3）快影软件介绍

"快影"APP是由北京快手科技有限公司研发的手机端视频后期剪辑软件。该软件具有强大的视频剪辑功能，丰富的音乐库、音效库和新式封面，可以让用户在手机上轻松完成视频编辑和视频创意，特别适合用于30s以上长视频制作。

"快影"APP中的分割功能可以根据视频拍摄制作的需要对视频中的任意位置进行剪切分割处理。修剪功能可以直接裁切视频两端不需要的画面。比例功能可以更改编辑画面比例，如4：3、1：1、16：9等。滤镜功能可以向用户快影提供30多款电影胶片级的精美滤镜，提升视频画质。封面功能可以给画面添加用户个性化的视频封面，分享功能可以将时长10min短视频直接上传到快手平台进行视频发布。

（4）巧影软件介绍

"巧影" APP 是 2018 年 7 月由北京奈斯瑞明科技有限公司出品的一款可在安卓系统上运行的专业视频编辑软件。该软件专注于提供色度键（视频自由更换背景）、手写、一键变声等功能，为剪辑中的视频、图像、贴图、文本、手写提供多图层操作功能。

"巧影" APP 中的编辑视频功能可以导入视频项目文件，替换用户素材，迅速编辑精美视频，同时导出和分享的短视频项目文件可以与团队共用。"巧影" APP 中的拼接等视频处理工具能够为作者拍摄的短片进行文字特效处理。"巧影" APP 拥有自带的素材商店可免费下载超过 2 000 种以上的各种转场效果。软件独特的沉浸式音频 EQ 预设、音频回避等音频编辑工具可以帮助用户快速处理各种声音效果。"巧影" APP 关键帧动画工具可向图层添加动画效果，同时以 30FPS 的速度导出 4K 2160p 视频巧影，可完全免费使用。

2. 电脑端软件介绍

（1）会声会影

"会声会影"是一款电脑端视频后期剪辑软件。该软件可编辑处理的视频格式比手机剪辑视频编辑 APP 广，操作简单，流程与手机视频剪辑 APP 软件相似。该软件具备 100 多种编制功能与效果，编辑的视频可以直接使用刻录仪器制成光盘保存。软件编辑使用向导模式，小白级新手可以短时间内利用编辑模式完成视频的剪辑、转场制作、特效、字幕、配乐的整个视频流程的处理。

2021 版本的"会声会影"软件使用全新即时模板制作时尚爆红素材，可以剪辑目前比较流行的社交媒体贴文，并根据用户需求可以自行增加主题式介绍。透过增强的 proDAD Mercalli 视讯稳定工具，即时修正摇晃的手持视频，速度和效率更甚以往。使用快速修复功能，将震动和摇晃的动作拍摄成可使用的片段。同时会声会影官网为用户准备了新手入门教程，为用户学习软件提供方便。

（2）Adobe Premier

"Adobe Premier" 是由 Adobe 公司开发研制的基于非线性编辑设备的视音频后期处理电脑软件。该软件可兼容目前摄像设备拍摄的任何格式视频素材，广泛应用于电视剧、电影等各种视频后期专业制作领域。原生文件支持、轻量代理工作流程和更快的 ProRes HDR 使用户可以随心所欲地处理媒体信息，即使使用移动工作站也是如此。Adobe Premier 可与其他应用程序和服务（包括 Adobe Photoshop、After Effects、Audition 和 Adobe Stock）进行无缝协作，从 After Effects 打开动态图形模板，从 Adobe Stock 自定义一个模板，或者与数百个第三方扩展集成。

"Adobe Premier"软件可以对所有拍摄设备拍摄的视频进行视频颜色分级、调整声音，可以创建并编辑多镜头序列，使用修剪工具在时间线上进行直观编辑，延长或缩短电影剪辑。利用动态效果控制和关键帧创建用于转场和标题序列的动画动态图形。

（二）短视频画面转场制作

1. 什么是转场

广义上理解，视频中最小的组成单位是镜头。镜头指的是从摄像录制开始到摄像录制结束的这段时间拍摄的画面内容。多个镜头可组合在一起形成视频片段完成一段较为完整的视听语言表达。我们也可以理解为镜头就是一篇文章里最基础单位——词语，一个个词语的组成形成一段文字，一段段文字的组合最终构成一篇文章。而段落与段落、场景与场景之间的过渡或转换，这就叫做转场。

狭义上理解，转场是影视行业里约定俗成的一个术语，从字面意思上理解"转"代表转换，"场"代表场景，所以转场的意思就是场景转换或时空转换。

转场可分为无技术转场和技术转场。无技术转场指的是在录制视频时运用拍摄手法对画面进行切换过渡的技巧。技术转场指的是运用视频后期技术在电脑或手机端进行的软件操作处理。

淡入淡出是影视剪辑中常见的过渡效果，在画面或声音从黑暗或静音状态逐渐转变到清晰或响亮状态时使用，它可以使场景过渡更加自然，增强场景的连贯性和视听效果，同时可以加强情感表达和节奏感。淡入淡出通常分为画面淡入淡出、声音淡入淡出和音视频混合淡入淡出三种类型。常见的淡入淡出方式还包括白闪、黑闪、渐变和消隐等，具体选择取决于场景需要和个人创意。

在影视剪辑中，叠化是一种常见的特效技巧，叠化指前一个镜头的画面与后一个镜头的画面相叠加，是前一个镜头的画面逐渐隐去、后一个镜头的画面逐渐显现的过程。叠化通常分为两种类型：透明度叠加和颜色叠加。透明度叠加是将两个或多个画面的透明度进行叠加，以达到图像融合的效果；颜色叠加则是将两个或多个画面的颜色进行叠加，以产生一种新的色彩效果。例如，在一段服装秀视频中，可以使用叠化效果，将服装模特走过的舞台和服装的特写镜头进行叠加，以产生一种层次感和视觉冲击力。具体来说，可以通过调整叠加画面的透明度和颜色，使得两个画面在视觉上融合在一起，产生出一种新的视觉效果。这种叠化效果不仅可以突出服装的特点和风格，还可以增强视频的流畅感和艺术性。

黑屏指在两个镜头画面中增加一个全黑的视频片段，画面变黑，给人一个急刹车、停顿的效果。例如，在一段服装短视频中，可以使用黑屏效果，突然将画面全部变成黑色，以产生一种戏剧性的效果，吸引观众的注意力和情感共鸣。这种黑屏效果不仅可以与音乐、文字或声音等元素配合使用，还可以突出服装的特点和风格。在使用黑屏效果时，需要注意黑屏的时长和出现的时机，以达到最佳的效果。

划像，它可以将画面上的人物或物体用一种划过的方式展示出来，以产生一种独特的视觉效果。前一个视频内容从任何方向离开当前视频屏幕，称为划出；当下一个视频内容从任何方向进入视频屏幕时，称为划入。划像方向分为从上到下、从下到上、从左到右、从右到左、从中心到外部从外部到中心等。在服装短视频中，可以使用划像效果来展示服装的细节和特点。例如，在一段服装秀视频中，使用画像效果，将服装的各个部位快速的展示出来，突出服装的设计和特点。这种划像效果可以与音乐、文字或声音等元素配合使用，使得视频更加生动和有趣。在使用划像效果时，需要注意节奏和速度的控制，以达到最佳的效果。

2. 手机画面转场剪辑案例（图 2.5-1 ~ 图 2.5-3）

① 打开"剪映 APP"，分别导入两段需要剪辑的视频画面；

② 点击两个视频交接处的 ▨ （小白方块）符号；

③ 软件下方会弹出各种转场特效，用户根据个人需求选择合适的转场效果，即可完成视频转场特效的制作。

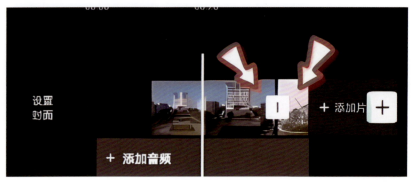

图 2.5-2　手机画面转场剪辑流程（二）

图 2.5-1　手机画面转场剪辑流程（一）　　　　图 2.5-3　手机画面转场剪辑流程（三）

（三）短视频背景音效制作

1. 什么是背景音效

音效是影视剪辑中的重要元素之一，可以为视频带来更加丰富的视听体验。在短视频制作过程中，音效的种类和运用方式非常多样，可以根据不同的情境和需要进行选择和调整。例如：在一段短视频中，可以使用各种音效来突出视频的主题和情感表达；在一段旅游短视频中，可以使用自然环境的音效来表现景色的美丽和神秘感；在一段有恐怖效果的短视频中，可以使用恐怖音效来加强氛围和紧张感。此外，还可以使用音乐来营造氛围和节奏感，使得整个视频更加具有感染力和吸引力。在使用音效时，需要注意音效的选择和使用时机，以达到最佳的效果。同时，还需要注意音效的音量和平衡，以保证整个视频的音质和听感。

音效是服装短视频中不可或缺的元素，它可以为视频增加丰富的视听体验，使得视频更加生动和有趣。例如：在一段展示服装设计的短视频中，可以使用各种音效来配合画面，以突出服装的特点和风格；可以使用适当质感的音效来表现服装材料的质感和舒适度；使用音效来表现服装模特的步态和姿态，增强视频的情感表达和视觉效果。此外，还可以使用音乐来营造氛围和节奏感，使得整个视频更加具有感染力和吸引力。在使用音效时，需要注意音效的选择和使用时机，以达到最佳的效果。

2. 添加背景音效剪辑案例（图 2.5-4 ～图 2.5-6）

① 打开"剪映 APP"，导入一段需要剪辑的视频画面；

② 点击软件下方音频按钮；

③ 在展开的下拉菜单中选择与短视频片段相匹配的音效。

图 2.5-4　添加背景音效剪辑流程（一）

图 2.5-6　添加背景音效剪辑流程（二）

图 2.5-5　添加背景音效剪辑流程（三）

（四）短视频配音制作

1. 什么是配音

配音是将声音添加到电影、短视频和多媒体的过程。狭义上指配音演员为视频画面中的演员表演配上符合当前表演的声音，或以其他语言代替原视频中表演者的语言对白。由于现场声音在录制收音时出现问题，由原表演者为视频重新补回对白的过程，也叫做配音。

配音是服装短视频中常用的一种声音处理技术，它可以为视频增加更加生动和富有感染力的声音效果。例如在一段介绍服装品牌的短视频中，可以使用配音来介绍品牌的历史和特点，以增强视频的信息传递和情感表达。此外，配音还可以用来表现视频中人物的情感和心理状态，使得视频更加真实和有趣。在使用配音时，需要注意配音的语音准确性和流畅度，以及口音和语调的处理，以保证配音的质量和可听性。同时，还需要注意配音的音量和平衡，以保证整个视频的声音质量和听感。

目前配音市场分为真人配音和 AI 机器配音，本文着重讲解 AI 机器配音。

2. AI 配音

AI 配音是一种新兴的声音处理技术，它利用人工智能技术生成非常接近人类发音的声音。在服装短视频中，可以使用 AI 配音为视频添加更自然、流畅的声音效果。例如，在一段介绍时装秀的短视频中，可以使用 AI 配音介绍时装的款式和设计，以增强视频的信息传递和情感表达。此外，AI 配音还可以用来表现视频中人物的情感和心理状态，使得视频更真实、有趣。在使用 AI 配音时，需要注意配音的质量、准确性、流畅度和自然度，以保证配音的可听性和可信度。同时，还需要注意配音的语调和口音的处理，以符合视频的主题和风格。

当视频编辑者自身条件有限，无法满足视频配音需求，可以考虑使用AI语音合成技术来进行处理。当然，AI配音目前还是无法与真人配音完全一样，在个人情感表现上尚具有一定的距离，但AI配音相对于真人配音拥有效率高、价格低的特点，使用者可以综合考虑后进行选择。

3. AI配音剪辑案例（图2.5-7～图2.5-13）

① 打开"剪映APP"，导入一段需要剪辑的视频画面；

② 点击文字"T"按钮；

③ 选择新建文本，输入要转换语音的文字；

④ 点击文字轨道；

⑤ 点击文本朗读按钮；

⑥ 选择合适的语音；

⑦ 导出即可生成AI语音。

图2.5-7　AI配音剪辑流程（一）

图2.5-8　AI配音剪辑流程（二）

图2.5-9　AI配音剪辑流程（三）

图2.5-10　AI配音剪辑流程（四）

图2.5-11　AI配音剪辑流程（五）

图2.5-12　AI配音剪辑流程（六）

图2.5-13　AI配音剪辑流程（七）

（五）短视频字幕制作

1. 什么是字幕

字幕指的是出现在电影、影视剧、短视频等多媒体视频中，以文字的形式表现的非影像内容。字幕为视频增加更加精准和易于理解的文字信息。例如，在一段介绍服装搭配技巧的短视频中，可以使用字幕来呈现每个搭配技巧的文字说明，以增强视频的信息传递和理解度。此外，字幕还可以用来翻译视频中的外语部分，使得视频更具有广泛的受众和传播效果。在使用字幕时，需要注意字幕的字体和颜色的选择，以保证字幕的可读性和美观性。同时，还需要注意字幕的语言表达和文化适应性，以符合视频的主题和受众的需求。

常规字幕设置在屏幕下方。字幕制作要求无错别字，与音频同步合一，文字在屏幕上出现的持续时间能够满足大多数观众的阅读时间，字幕出现的位置不会影响画面本身效果，字幕大小、字体、颜色、位置常规要求要统一。

2. 字幕添加剪辑案例（图 2.5-14 ～图 2.5-20）

① 打开"剪映"APP，导入一段需要配字幕的视频画面；

② 点击工具栏音频按钮；

③ 点击工具栏录音按钮；

④ 点击弹出的录音按钮；

⑤ 完成视频声音录制后，点击识别字幕按钮；

⑥ 勾选全部，软件自动完成字幕识别后，点击批量编辑，这样可以保证字幕大小、字体、位置的每次调节都能保持一致；

⑦ 点击字幕可以调整字幕的样式、字体、位置等；

⑧ 输出即可得到剪辑好配有字幕的视频。

图 2.5-14　字幕添加剪辑流程（一）

图 2.5-15　字幕添加剪辑流程（二）

图 2.5-17　字幕添加剪辑流程（三）

图 2.5-16　字幕添加剪辑流程（四）

图 2.5-18　字幕添加剪辑流程（五）

图 2.5-19　字幕添加剪辑流程（六）

图 2.5-20　字幕添加剪辑流程（七）

（六）短视频结尾关注效果制作

1. 添加视频结尾关注效果的目的

抖音、快手等短视频平台对于短视频的推送算法中，几乎都含有点赞率、关注率、转发率，因此为提高粉丝转化率，增加点赞关注，可以在视频的结尾制作视频关注效果，引导观众进行下一步的操作，同时该关注效果也可以作为短视频系列的一个 LOGO 标志存在，提升视频号的整体形象。

短视频结尾关注制作注意点：

① 片尾关注信息点应简洁，从而达到强化的效果；

② 对于重点需要突出部分可以考虑运用对比色系，迅速抓住观众眼球加深印象；视频结尾关注效果中运用的色彩要简洁，要引导观众集中注意力观看关注点；

③ 可以适当采用一些动画效果引导观众注意画面中重要信息内容。

2. 短视频结尾关注效果制作案例（图 2.5-21 ~ 图 2.5-33）

① 打开"剪映 APP"，在工具栏选择"剪同款"；

② 在搜索栏填写关键词片尾加关注模板；

③ 在手机相册里选择预先制作好的图片；

④ 点击工具栏"点击编辑"按钮；

⑤ 点击工具栏"无水印保存并分享"；

⑥ 将导出的片尾关注片段与要编辑的片段合成；

⑦ 点击工具栏"文字"按钮；

⑧ 点击"新建文本"按钮；

⑨ 输入相关文字内容；

⑩ 点击"样式"调整文字颜色、大小、字体；

⑪ 点击"动画"按钮，选择文字合适的出场动画效果；

⑫ 按蓝色箭头调整文字动画时间长度后导出结尾视频；

⑬ 将制作好的结尾视频与原视频相接，调整出现的时长即整个短视频的结尾关注片段完成。

图 2.5-21　短视频结束关注制作流程（一）

图 2.5-22　短视频结束关注制作流程（二）

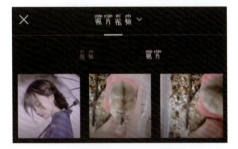

图 2.5-23　短视频结束关注制作流程（三）

图 2.5-24　短视频结束关注制作流程（四）

图 2.5-26　短视频结束关注制作流程（六）

图 2.5-25　短视频结束关注制作流程（五）

图 2.5-27　短视频结束关注制作流程（七）

图 2.5-28　短视频结束关注制作流程（八）

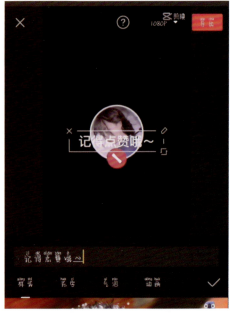

图 2.5-29　短视频结束关注制作流程（九）

图 2.5-31　短视频结束关注制作流程（十一）

图 2.5-32　短视频结束关注制作流程（十二）

图 2.5-30　短视频结束关注制作
流程（十）

图 2.5-33　短视频结束关注制作流程（十三）

本章节的任务实施、任务评价、知识题库内容扫描二维码在线阅读、练习

任务 2.6　短视频吸粉互动活动

【思维导图】

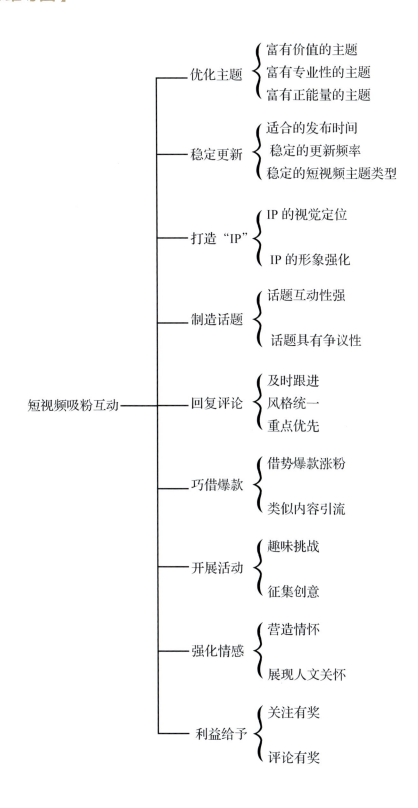

短视频吸粉互动

- 优化主题
  - 富有价值的主题
  - 富有专业性的主题
  - 富有正能量的主题
- 稳定更新
  - 适合的发布时间
  - 稳定的更新频率
  - 稳定的短视频主题类型
- 打造 "IP"
  - IP 的视觉定位
  - IP 的形象强化
- 制造话题
  - 话题互动性强
  - 话题具有争议性
- 回复评论
  - 及时跟进
  - 风格统一
  - 重点优先
- 巧借爆款
  - 借势爆款涨粉
  - 类似内容引流
- 开展活动
  - 趣味挑战
  - 征集创意
- 强化情感
  - 营造情怀
  - 展现人文关怀
- 利益给予
  - 关注有奖
  - 评论有奖

【任务导入】

服装品牌店运营部现需要为其品牌服装短视频账号吸引粉丝并打造品牌形象。掌握短视频用户运营的方法和技巧，并根据目标客户群、短视频账号的内容和风格定位，进行主题优化、更新、IP 建立和活动开展等用户运营操作。通过在短视频平台上推广和销售产品，以吸引用户关注并促进购买行为。

【学习目标】

（一）知识目标

了解短视频塑造高辨识度 IP 形象的方法，了解短视频用户运营的方法、技巧以及短视频用户运营技巧的应用，并能掌握打造"IP"的技巧及方法。

（二）技能目标

能掌握短视频账号名称、头像、简介以及主页背景图的设置方法，能掌握用户维护和拓宽 IP 价值的方法，并熟悉短视频用户运营规范操作的实操。

（三）素质目标

通过短视频的用户运营实操，培养出色的创作能力、品牌意识和团队合作意识。

【知识学习】

常用的用户运营方式是通过互动来增加粉丝数量，其中短视频平台上的吸粉互动是一种常见的方式。用户作为内容消费者，在当今网络时代是内容产品和运营中最重要的因素之一。只有做好用户运营，做用户喜欢的东西，才能吸引用户的关注和促进产品的销售，简而言之这就是内容行业的本质——用户思维。吸粉互动是客户运营的核心，主旨是在维护原有用户的基础上获取更多的新用户。

一、优化主题

对于短视频而言，好的短视频能像磁铁一样吸引粉丝，而一个毫无亮点的主题，则会让人味如嚼蜡。

（一）富有价值的主题

在目标用户群体中有价值的主题，才能算是一个好的视频主题。能让用户群体舍得花费时间和精力关注，且积极转发分享的短视频，那么它的主题就一定具有了被关注的价值。

1. 潜在用户群的确定

弄清短视频最主要的潜在观众以及他们的喜好，才能有针对性地确定主题。比如想提高你的潜在目标用户——居家宝妈的关注，要先考虑她们的主流需求是什么，才能确定短视频主题。

2. 需求要点的确定

当确定了潜在用户群，就要确定他们的需求要点是什么，并要根据需求要点给出具体的解决方案。在服装品牌短视频中，若把壮族人群作为目标用户，短视频主题就应当聚焦壮族人群的服饰穿搭的方法和技巧等。

（二）富有专业性的主题

能让用户觉得富有权威性的短视频主题一定是具有专业性的，因为具有权威性的事物通常更容易受到人们的关注。所以要在用户心中树立权威性，短视频主题就必须包含专业性的主题内容。

1. 细分用户群体

细分用户群体能让短视频主题更具专业性。更深入和更有吸引力的主题可以通过将用户群体进一步细分来实现。例如，将主题针对"cos""lo""汉服同袍"等细分服饰爱好用户群体的短视频，在主题上就可以聚焦cos服推荐、汉服制式和洛丽塔（Lolita）服饰测评等专业主题。

2. 细分主题

短视频的用户群体要细分，同样主题也要进行细分。通过聚焦不同的行业和工种，会让短视频显得更加专业。在当今社会，人们对细分领域专业知识的需求越来越旺盛，所以想要短视频主题关注度高，就必须细分领域。

（三）富有正能量的主题

不管在什么时代，人们都需要正能量，所以富有正能量主题的短视频往往能吸引更多粉丝的关注。

① 注重关爱弱势群体。这些的群体往往会展现出更多积极向上的言行，传递更多积极正能量。

② 正确的价值取向传播。

二、稳定更新

在短视频领域，稳定的更新能让你和粉丝产生良性互动，通过培养用户的观看习惯，能够让用户形成期待感，而这需要创作者稳定更新作品，持续占领用户心智。

（一）适合的发布时间

① 通过参考后台数据，可以根据用户爱好以及活跃时间段来选择适合的固定发布时间。想要用户产生在固定时间来找你的习惯，就可以选择在固定的时间进行发布。

② 通常每天晚上 7 ~ 11 时为作品上传高峰期，错开高峰期，选择上午或者下午更新作品，这样获得热门的概率会增加。

③ 追逐当下热点话题需要越快越好，时间就是金钱，必须抢在别人前面更新作品。

④ 为直播造势。在直播前一至两小时更新作品，可以为直播造势，为直播获得流量加持。

（二）稳定的更新频率

稳定的更新频率是指创作者能够保持一定的发布频率，不断地为观众提供新鲜、有趣的内容。在短视频平台上，稳定的更新频率非常重要，因为观众往往喜欢看到新的、有趣的视频内容。

创作者保持较高的更新频率能收获忠实粉丝，上热门的可能性也就越大。

关于短视频的稳定更新率，其实具体表现会因不同的短视频平台而异。但一般来说，一个稳定更新率高的短视频平台会有以下特点：

① 频繁更新：为了保持用户的兴趣和忠诚度，平台会不断地推出新的功能和更新版本。

② 大量的内容创作者：平台会积极吸引和培养优秀的内容创作者，以确保平台上始终有新鲜、多样的内容可供用户观看。

③ 严格的审核制度：平台会确保发布在平台上的内容符合相关法律法规和社区规范，以提升用户的体验和平台的信誉度。

（三）稳定的短视频主题类型

稳定的短视频主题类型，就犹如给你的短视频打上了某领域的标签，让用户提起某个领域就能想到你，这样做可以增加短视频的内涵，从而吸引更多粉丝。

当谈到稳定的短视频主题类型时，有几个方向可以考虑：

① 生活方式：涵盖了健康、美食、旅游、家居装潢以及美容等方面。这些主题通常是人们生活中的常见话题，因此在短视频平台上很受欢迎。

② 娱乐：包括音乐、舞蹈、搞笑、游戏等方面。这些主题通常具有娱乐性和轻松性质，吸引了大量的年轻用户。

③ 教育 / 知识：包括教育、科技、历史、文化等方面。这些主题通常受到寻求更多知识和信息的用户的欢迎。无论哪种类型，重点是要确保内容质量高，有趣有用，并且符合平台规范和相关法律法规。

三、打造"IP"

知识产权（Intellectual Property，简称"IP"）是指作者通过智力和创造力所创造的成果所拥有的专利、商标、著作权以及版权等法律权益。

在网络发达的时代，IP 是具有知名度和市场价值及变现能力的一种存在，所以我们需要把我们的短视频打造成 IP，让粉丝为之疯狂。

（一）IP 的视觉定位

打造 IP 的第一步就是要确立 IP 的视觉定位，因为人都是视觉动物，一个好的账号视觉形象会影响用户的关注、点赞、评论以及转发的数量，它犹如一个店铺的门面，只有门面装修好了，才能让用户在第一眼看到的时候被吸引。

1. 账号名称

一个恰当的账号名称不仅可以让用户迅速了解短视频的内容，还有助于提升短视频的传播效率。创作者在拟定账号名称的时候，可以采取以下思路。

① 简单明了：全文字，整体在 10 字以内。

② 使用谐音：利用谐音起一个充满创意且能引发用户联想的名字，能让你在海量的短视频账号中脱颖而出。

③ 关键词定位：与账号内容相关联。利用关键词提示账号的内容方向，当账号名中包含某垂直领域的某些关键词时，用户就能很清晰地知道该账号主要发布的是哪些垂直领域的内容。

2. 头像

头像是短视频账号的视觉标识，是用户辨识账号的重要途径之一。要注意以下问题：首先头像要与账号内容相关，并具有明显的识别度，同时符合公众的审美标准（图 2.6-1 ～图 2.6-4）。

① 使用真人头像。

使用真人头像可以增加账号的亲和力。如果头像中的人物气质优雅、外貌出众或者风格独特，那么用户就更有可能被吸引，主动点击进入账号主页了解更多。同时，短视频的内容也足够有吸引力的时候，用户就会关注该账号。

图 2.6-1 真人头像

图 2.6-2 卡通形象头像（图片来源于网络）

图 2.6-3 真人头像（图片来源于网络）

图 2.6-4 账号名头像（图片来源于网络）

② 使用图文 LOGO 做头像。

这种头像可以明确展示出短视频的内容方向，有利于强化品牌形象。具体实例例如香奈儿等国际大品牌的 LOGO 头像。

③ 使用短视频中的动画角色做头像。

这样可以强化角色形象，有利于打造动画人物 IP。

④ 使用账号名做头像。

当使用账号名作为头像时，建议选择纯色背景，这样可以更突出文字，直观地展示账号名称，从而提升账号形象的品质。

⑤ 使用卡通头像。

创作者可以选取一个与自己账号内容相符的卡通形象做头像。

3. 账号简介

建议用持续更新 / 引导关注评论说明等内容。

（一）借势爆款涨粉

利用爆款短视频的强流量属性达到"粉丝增加"的目的。

1. 个性和特色

在转发爆款短视频时，可以根据自己的认识和见解对爆款短视频进行评论，并从中总结出独到的知识点和技巧方法等。通过发布引人关注的内容吸引用户去关注创作者的账号，从而实现增加粉丝的目的。

2. 提炼和浓缩

创作者可以根据自己的理解，将爆款短视频的内容进行提炼和浓缩，并用自己的表达方式进行解说和发布。这样的归纳解说可以让用户轻松地获取短视频的内容，还能因此获得更多的粉丝关注。

（二）类似内容引流

创作者可以在爆款短视频的基础上对专业深度或者行业广度上进行充分的挖掘，拍摄与爆款短视频相类似的，但又有自己个人特色和个性的短视频，与爆款短视频进行"捆绑"，迅速吸引爆款短视频粉丝的关注，收获属于自己的粉丝。例如，可以模仿爆款短视频拍摄一个相仿的短视频，爆款短视频是某款口红试色，我们可以利用其中的语气和说话方式拍摄同款服饰试色短视频，从而吸引爆款短视频所属账号"粉丝"的关注。

七、开展活动

用户的维护和收获用户同样重要。可通过发起互动活动来促进用户参与度的提升，但需要注意掌握好难易程度，避免过于复杂或太简单，以免影响用户积极性。

（一）趣味挑战

充满趣味和竞技性的挑战类活动具有强烈的代入感，这类活动很容易激发用户的好奇心和竞争感。所以，这类趣味性挑战常常能吸引大批的用户参与其中，从而能提升粉丝的参与度。这类活动需要满足以下要求：

1. 难度适中

要尊重用户的需求和意见，从而使用户感受到自己受到了重视和尊重，并给予他们安全感和价值感。因为活动难度太高容易让用户望而却步，活动难度太低又不能激发用户的挑战欲。另外，活动还应该在设置上留有让用户可以自由发挥的空间。

2. 设置奖品

形式多样的奖励是用户参与挑战的动力之一，不管是物质奖励还是精神奖励，都能很好地刺激用户热情参与，设置奖励可以更好地刺激用户踊跃参与。例如，得奖的用户可以得到品牌方赞助的新款服饰等。

（二）征集创意

短视频创作者可以利用自己发布的创意短视频打开话题盒子，引导用户展示自己的奇思妙想，鼓励他们表达自己的创意灵感来征集创意，这样不但增强用户的参与感和成就感，还能让用户积极地进行评论和转发。

当开展这一类活动的时候，创作者要首先设置好所征集创意的标准和内容，这样用户才有创作的方向。同样地，为了吸引用户参与，征集创意类活动也要设置能够吸引用户的奖励。

八、强化情感

归属感是指个人和群体之间产生的内在关系，是对某个特定群体及其从属关系的识别、认同和维护。如果用户对某一群体产生强烈的情感认同，就会产生归属感，因此，在短视频运营中，需要加强与用户的情感联系，以营造用户的归属感。短视频创作者应注意在作品中注重用户情感需求，以吸引用户并增进用户对自己内容的认同感。

（一）营造情怀

情怀是归属感的灵魂，大多数时候，用户对平台或个人产生友好的感觉是因为受到某种感觉的感染，进而产生归属感。

① 个人偶像化：将个人进行偶像化包装。

② 特有的情怀：怀旧聚焦某个年代的人和物，追忆历史，缅怀过去的美好，打造怀旧情怀。

③ 青春：人们都曾经历青春的美好，都希望永葆青春，通过再现与青春有关的人和事，可以打造青春情怀。

例如，某抖音账号以"复刻老杂志"为主题，持续发布能够激起用户怀旧情怀的复古服饰穿搭，唤起了用户的无限回忆，促使其在评论区热烈讨论，分享过去的回忆，并发表感想。

（二）展现人文关怀

要让用户感受到自己受到了尊重和重视，从而产生安全感和价值感，那么短视频创作者就应该在短视频中表现出一种人文关怀。表现人文关怀的方式有以下几种：

1. 与用户的生活贴近的短视频主题

短视频创作者通过选择与用户生活贴近的话题，如"为了显瘦你还在穿黑色吗？""谁说矮个子就不能穿长裙？"等，可以让用户在短视频中寻找到自己的影子，进而产生强烈的感情共鸣和归属感。

2. 心理安全感的构建

短视频创作者通过发布一些关于心理学话题的短视频，帮助用户更加理智地平衡理想和现实，解决用户内心的矛盾和追求，能够带给他们心理上的安慰和满足。

3. 仪式感的打造

让用户觉得更有趣的短视频少不了仪式感的打造，仪式感能让用户更有归属感。短视频创作者在拍摄时可以通过镜头的变换应用，以及氛围音乐的运用，打造出短视频的仪式感。

九、利益给予

粉丝会更愿意接近和参与能够获得相应的报酬和实惠的短视频账号，因此你若想要更好地留住粉丝，提升其活跃度和忠诚度，就必须让粉丝得到实实在在的利益和实惠。

（一）关注有奖

你可以在短视频开头或者结尾告诉粉丝关注你的公众号，你将会在关注的粉丝中抽取幸运粉丝送礼物或者参与新品试用等方式获取更多的粉丝。

① 在短视频中呼吁粉丝点击下方的关注和收藏来获取更多的粉丝。你可以在短视频的片头、片中或片尾巧妙地说出请关注个人账号，会在粉丝中抽取幸运者给予奖励，从而吸引粉丝关注你的个人账号，使大家能够快速地找到你。

② 有含金量的奖品。华而不实、没有含金量的奖品会给粉丝敷衍和欺骗的感觉，甚至会对你产生厌恶的情绪，所以，在奖品的设置上应该富有含金量，这样才能让粉丝感觉到实惠和得利。

③ 分享有红包。利用红包成为粉丝传播你的载体，可以把红包设置为分享红包，即只有在其他平台分享之后才能打开。为了能得到红包，粉丝会将你分享给朋友或者其他社交媒体，这样能够帮助你更加快速地打出知名度，吸引更多的粉丝关注。

（二）评论有奖

通过短视频评论抽奖并在公众号上公布获奖名单，对粉丝来说是一种获得实惠的方式。一方面，你可以增加短视频粉丝的互动，而且粉丝越活跃，你的账号关注度就越高。另一方面，还可以提升粉丝评论的质量，因为只有用心评论的粉丝才有可能被关注成为幸运儿。

① 明确抽奖的原则和标准。要明确抽奖的原则，这样粉丝的评论才会有针对性。比如你提出了评论数为 10、20、30 的粉丝能获得奖品，又或者能答出你视频中问题的粉丝能参与抽奖等。

② 奖品要有吸引力。第一时间说出评论有奖的奖品是什么，且这个奖品具有一定的吸引力，才能更吸引粉丝的关注。奖品的价值决定了粉丝互动的积极性，吸引力越大，粉丝互动的积极性就越高。

本章节的任务实施、任务评价、知识题库内容扫描二维码在线阅读、练习

工作领域三：服装直播营销

任务 3.1 服装直播选品

【思维导图】

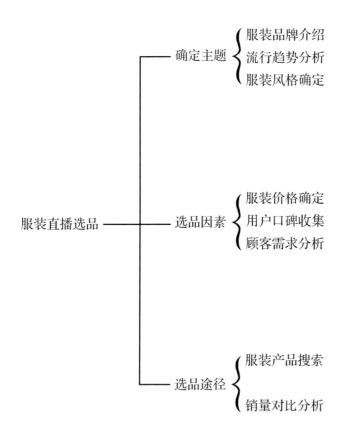

```
                          ┌ 服装品牌介绍
              确定主题    ┤ 流行趋势分析
                          └ 服装风格确定


                          ┌ 服装价格确定
服装直播选品   选品因素    ┤ 用户口碑收集
                          └ 顾客需求分析


                          ┌ 服装产品搜索
              选品途径    ┤
                          └ 销量对比分析
```

【任务导入】

　　某平台即将举办一场大型促销活动，店铺主管小陈正在组织直播销售活动。为了确保直播销售活动的顺利进行，他的团队需要通过详细的分析和调研，从服装主题风格、选品因素以及选品途径三个方面精选物美价廉、性价比高的服装单品，以完成直播选品任务。

（一）知识目标

　　学生了解直播选品中的主题风格、选品因素、选品途径与选品方法，掌握直播选品技巧。

（二）技能目标

　　学生能通过对主题风格、选品因素、选品途径三方面的分析，并根据实际直播情况，准确运用选品技巧，掌握直播选品的方法。

（三）素质目标

学生通过对直播选品的实操训练，培养学生直播专业规范以及良好的职业素养，增强学生的文化认同感。

【知识学习】

直播选品：直播产品的吸引力与竞争力，在很大程度上直接关系到直播的变现率。在直播进行前，我们要先根据服装品牌，以及直播的题材，来挑选合适直播的产品。通常，在直播网站上热销的商品，通常都会具有以下特点：高性价比、与目标消费者心理的契合度高、符合当下潮流趋势。

一、确定主题

（一）服装品牌介绍

服装品牌的效益是有利于转化的。所以选品时尽量选择有知名度的品牌产品，因为知名品牌的服装能保证质量，后期售后问题小，也便于提升直播间的转化率。服装的品牌很大程度上决定了服装的风格、品类和当下流行趋势，反之同理，这三点因素对于选择服装品牌也起到很大的参考作用，当确立了服装品牌，也就相当于确定了直播选品的主题。

1. 多关注应季的服装新品

直播服装款式选择一定要进行精准的市场调研，不能随意选择，应季的服装新品就是很好的选择，新品一般代表着本年度的流行色调、流行风格、以及服装的功能趋向，是很好的品牌选择参考。

2. 品牌标志的选择

在种类繁多的服装品牌中，选中合适的服装品牌作为直播的选品品牌是非常重要的，要成为绝佳的选择，就必须有以下特色：

特色1：【选品】客群足够广泛，款式多、更新量大，非搜索类特征，价格低廉且质量过关。

特色2：【品牌运营】应有独立的IP合作计划，品牌曝光率高。

特色3：【流量】引流推广要做好，流量精准且内容丰富。

特色4：【趋势】品牌有持续向上的发展空间，并有能根据风向标及时调整营销策略的能力。

3. 服装品类的选择

① 女装品类：在服装市场中，虽不同性别年龄的消费人群都有，但消费主力还是女性，在各大直播平台和电商平台上，女装都是重要的服装品类。而在此类目的产品中，连衣裙和泳装的需求相对较大，在多个平台中，连衣裙的搜索量排在第一位，它的需求量很大，高峰期在4～8月份；泳装的高峰期是在6～8月份。这两款品类都时尚与美观兼具，以某些品牌女装服饰选品类目表为例（参考表3.1-1）。

② 男装品类：男装品类选择率高的是T恤衫和外套类。T恤衫以纯色简约款、欧美款、主题款、创新嘻哈款为主；外套则以卫衣、运动装、棒球服、西装、风衣为主，以某些品牌男装服饰选品类目表为例（参考表3.1-2）。

③ 童装品类：童装的服装市场也不可小觑，在进行服装直播选品时，先按照年龄分层，品类多选择质感好的婴儿服，以及价格便宜的连衣裙和套装类，亲子装也可作为选品的亮点。

④ 其余服装品类：除上面三类市场占比较大的服装品类外，一些特殊节日服装或演出服也能作为特定直播主题时的选品，例如春节、国庆节等节日服装，每年8～11月份是婚庆旺季，婚礼服装以及一些节目需要的演出服等品类为亮点。

表 3.1-1　热门女装品类

产品类别	产品名称	尺码分类	受众人群	原价（元）	直播间价（元）
女装连衣裙	红裳服饰民族风刺绣连衣裙	XS/S/M/L	29 ~ 60 岁女性	200	189
泳装	xx 服饰分段式墨绿色简约泳衣套装	XS/S/M/L	15 ~ 35 岁女性	40	35
运动卫衣	xx 品牌国风运动潮流卫衣	XS/S/M/L/XI	15 ~ 40 岁女性	150	139

表 3.1-2　热门男装品类

产品类别	产品名称	尺码分类	受众人群	原价（元）	直播间价格（元）
西装	男士西装正装两件套	L/XI/XXI/XXXI	29 ~ 60 岁男性	800	680
外套	xx 服饰冬季男士休闲棒球服外套	M/L/XI/XXI/XXXI/4XI	20 ~ 32 岁男性	200	155
运动卫衣	xx 运动品牌国风运动潮流卫衣	M/L/XI/XXI/XXXI/4XI	15 ~ 40 岁男性	150	139

（二）流行趋势分析

飞速发展的社会带来了极速的节奏，服装行业作为瞬息万变的行业，对于流行趋势的分析就显得十分重要，我们在直播选品时，就要有对当下流行元素的敏锐度和对今后流行趋势的预测能力，如果购入的服装为非流行款式或已经过时，那整场直播的关注度和销量将会直线下滑。

对于流行趋势，可以查阅国内外各大品牌的年度趋势图，和它们对下一季度的流行预测，作为你选品的参考，也可以在电商平台上查看，是否有近期销量在慢慢上涨的隐藏服装，用来作为直播时的爆款预备服饰。

在查找时下网络热搜榜词汇与话题时，如话题是涉及国家或国际政治敏感相关的词语，应仔细斟酌或避免使用。

（三）服装风格确定

当进行直播选品时，服装风格的确立尤为重要，它为接下来的选品环节奠定了基调，在直播选品中，应根据直播的主题和客户倾向，来选择 1 ~ 2 种服装风格，切忌选择多种风格的服装，以免导致整场直播的主题混乱，切入点过多，丧失客户流量。

目前市面上较为主流、销量较高的服装风格大致分为以下几种：

1. 通勤风格

通勤就是从家中到上班地点的途中里程，通勤风格与职场风格最大的差别是通勤风格更加休闲简约有气质，是半休闲半职场的服装。通勤风作为近几年的热门风格，很好地融合了休闲与职场，针织类套衫、宽松的阔腿裤、平底鞋会让穿衣者更加舒适，充满生气。通勤风特点在于细节考究，做工精致，重点在于打造职场人清新干练的气质（图 3.1-1）。

2. 休闲风格

随意潇洒、轻松舒适是休闲风格服饰的特点，这个风格穿着的年龄范围很广，服装风格款式适用于各阶层不同的人群日常穿着。休闲风格的服装在元素和造型的使用上比较大众化。

休闲风格服装舒适自在、随意不拘束。在服装上，休闲风格通常采用宽松、柔软、舒适的面料，注重穿着的舒适性，线形呈现出随性自由，运用较多的弧线来表达，零部件数量少，装饰整体面感较强，外观和轮廓简洁，讲究各个层次的搭配，搭配也随意多样。面料大都是天然材质的，例如棉麻材质。休闲风格服装搭配简单，干净、自然的色彩和款式强调自然、随意、轻松的感觉，经常用于日常生活、旅游、休闲娱乐等场合，是一种非常受欢迎的时尚风格（图 3.1-2）。

3. 民族风格

在各种潮流文化风行的时代，有一样风格的服饰受人追捧，那就是特色鲜明的民族风格服饰。

民族风格的服装，会让人感受到一股浓郁的民族风情。每个国家的各个民族服装都有自己的特点，于是，市场上就有了许多具有民族特色的衣服，如短袖、大衣、长裤、短裙、短靴、长靴等，让人目不暇接。民族风格的服饰大多以各种刺绣、绘画为主，当你穿上它，美感就毫无保留地展现出来。民族风格服饰的美是独一无二的，具有个性的（图 3.1-3）。

图 3.1-1　通勤风格服饰

图 3.1-2　休闲风格服饰

图 3.1-3　民族风格服饰　　　　　图 3.1-4　国潮风格服饰　　　　　图 3.1-5　嘻哈风格服饰

4. 国潮风格

国潮风格近两年非常地流行，所谓国潮风格，就是国内许多新锐的设计师设计的带有国风元素的原创潮流服饰风格，将中国元素与潮流融会贯通，弱化边界感。国潮风格具有十分强烈和鲜明的个性，也表达着国人的生活态度，例如很时尚的品牌中国李宁等，都在向世界展示着博大精深的中华文化底蕴和绝无仅有的风采（图 3.1-4）。

5. 嘻哈风格

嘻哈风格充满自由的气息，嘻哈风格是很随意化，生活化的，基本就是穿得宽松舒适，充满个人风格即可，是当下年轻人很喜欢的服装风格。近些年嘻哈风格也发生了转变，造型像平常一样宽松，但是不过于松散，穿着要简单、整洁、讲究，现在很多嘻哈品牌也在调整品牌策略和设计风格，穿着上更加注重搭配的考究性，嘻哈风格特点为爽朗、随性、明快（图 3.1-5）。

二、选品因素

（一）服装价格确定

直播中的商品组合大致可以划分为引流款、福利款、爆款（盈利）。首先需要选择款式，服装款式决定着直播间的价格区间。

1. 福利款

在直播运营中，福利款是指用于吸引观众关注、提高直播间热度、增加互动的一种特殊商品。它通常具有以下特点：

低价值：福利款的价格一般较低，甚至可能免费赠送，以吸引观众在直播间停留更长时间。

限时限量：福利款通常在特定时间段内提供，并限制数量，以营造出一种紧迫感，促使观众尽快下单。

互动性：福利款通常与直播间的互动环节相结合，例如问答、抽奖、秒杀等，以提高观众参与度和活跃度。

针对性：福利款可能针对不同观众群体设置，例如新用户专享、老用户回馈等，以增加用户忠诚度和复购率。

引流作用：福利款可以作为吸引新用户的手段，通过免费或低价的吸引力，吸引更多观众进入直播间。

2.引流款

在直播运营中，引流款是指用于吸引观众进入直播间、提高直播间曝光率和关注度的商品或服务（图3.1-6）。它通常具有以下特点：

吸引力强：引流款本身应该具有足够的吸引力，能够吸引目标观众的眼球，促使他们点击进入直播间。

价格优惠：引流款的价格一般较为优惠，甚至可能低于成本价，以营造出一种"捡漏"的感觉，吸引更多观众关注和购买。

关联度高：引流款应当与直播间主题和商品高度相关，能够让观众在购买后获得预期的体验和价值。

限时限量：引流款通常起到吸引观众的作用，没有数量限制或数量相对较多，以满足更多观众的需求。

互动性强：引流款可以结合直播间的互动环节，例如问答、抽奖、秒杀等，以提高观众参与度和活跃度，同时增加观众对直播间的关注度和忠诚度。

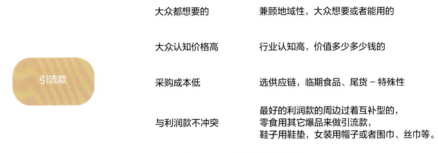

图 3.1-6　引流款思维导图

3.利润款

在直播运营中，利润款是指直播间销售的商品或服务中，用于获取主要利润的商品或服务。它通常具有以下特点：

高价值：利润款通常具有较高的商品价值，能够为直播间带来较大的利润空间。

品质优良：利润款应该具有优良的品质和较高的性价比，能够吸引观众进行购买，并获得良好的口碑和回购率。

需求稳定：利润款应该具有较为稳定的市场需求，能够保证直播间的销售量和利润的稳定。

营销策略：利润款通常需要配合营销策略进行推广和销售，例如通过促销活动、限时限量等方式提高销售量。

差异化竞争：利润款应该具有与竞争对手不同的特点和优势，能够吸引观众在直播间购买，提高直播间的竞争力。

4.引流款和福利款在直播运营中都扮演着重要的角色，它们有一些共同点和区别。

共同点：

吸引流量：引流款和福利款都具有吸引流量的作用，能够吸引更多的观众进入直播间，提高直播间的曝光率和关注度。

促进互动：两者都可以结合直播间的互动环节，例如问答、抽奖、秒杀等，以提高观众参与度和活跃度，增加观众对直播间的忠诚度和复购率。

提高转化：无论是引流款还是福利款，它们的目的都是促进观众的购买行为，提高转化率和销售量。

区别：

目的不同：引流款的主要目的是为了吸引流量，带动直播间的人气和热度，而福利款则更注重于提高观众的参与度和忠诚度，促进转化和复购。

价格策略不同：引流款的价格通常较低，甚至可能低于成本价，以吸引更多的观众购买，而福利款的价格则通常与正常价格相差不大，只是在特定时间段内提供优惠。

数量限制不同：福利款通常数量有限，以营造出一种紧迫感，促使观众尽快下单，而引流款则可能没有数量限制，或者数量相对较多，以满足更多观众的需求。

商品类型不同：引流款通常选择具有普遍吸引力的商品或服务，而福利款则可能更加个性化和针对性，针对不同类型的观众提供不同的福利商品或服务。

5.引流款、福利款和利润款在直播运营中虽然都是重要的策略，但它们也有一些明显的区别。

共同点：

都是为了增加销售量：无论是引流款、福利款还是利润款，它们的目的都是为了增加直播间的销售量，提高直播间的收益。

都需要进行市场调研：在选择引流款、福利款和利润款时，都需要进行市场调研，了解市场需求和竞争对手的情况，以制定更加有效的策略。

都需要进行营销推广：无论是引流款、福利款还是利润款，都需要进行营销推广，例如通过社交媒体、广告等方式吸引更多的观众进入直播间。

区别：

作用不同：引流款的主要作用是吸引流量，带动直播间的人气和热度；福利款的主要作用是提高观众的参与度和忠诚度，促进转化和复购；利润款的主要作用是获取主要利润，为直播间带来较大的利润空间。

策略不同：引流款通常选择具有普遍吸引力的商品或服务，价格较低，数量有限；福利款则更加个性化和针对性，针对不同类型的观众提供不同的福利商品或服务，价格通常与正常价格相差不大；利润款则通常选择高价值、品质优良、需求稳定的商品或服务，价格较高。

目标受众不同：引流款的目标受众通常是广泛的，主要是通过吸引更多的人进入直播间来增加销售量；福利款的目标受众通常是忠诚度和参与度较高的观众，通过提供优惠和福利来提高他们的购买意愿和复购率；利润款的目标受众则是那些对品质和价值要求较高的消费者，通过提供高品质、高价值的商品或服务来满足他们的需求。

（二）用户口碑收集

在进行服装选品的时候，用户的口碑是不可缺少的参考因素之一。一个服装产品的用户口碑不好，就会导致消费者对该产品的信任度降低，增加该产品的销售风险。往往用户口碑与产品销售量成正比，因而收集用户口碑来选品，就尤为重要。我们可以通过以下几种方式进行用户口碑收集：

①查看评论的数量。数量多也就意味着该产品评论性高，销售量相对较大，话题性高。

②查看差评。在电商平台中，往往很多好评是利用刷单的方式获得的，可信度低，而差评可信度较高，

所以可以通过收集差评来客观地了解此产品的质量以及受欢迎程度。

③ 客服人员及售后服务。一个用户口碑好的服装品牌，整体的服务与素质是过硬的，也可以从侧面分析出该品牌服装的质量，直播选品可就以从此类品牌中选取服装，并可以发展成长期合作的选品品牌。

（三）顾客需求分析

服装直播中，经营者在进入该行业时很少做过严谨的市场调研和消费调查，他们并不了解粉丝真正的需求是什么，就凭借感觉选品，从而导致了整场直播的失败。

分析顾客需求的方式有很多，着重需要注意以下要点：

① 观看多场同类型的直播，提取出粉丝的需求进行排序，总结出顾客的需求。

② 发放网络调查问卷或利用微信大数据等方式进行调研，掌握粉丝喜好和需求。

③ 对已经从直播间购买过服装的粉丝进行回访，统计出该类服装是否粉丝愿意回购或需求量大的服装。

三、选品途径

（一）产品搜索

产品搜索在直播选品中非常重要，通过对服装产品的搜索，了解和分析粉丝的消费趋向并通过对直播平台中的销量对比，来选到最适合直播间的服装。对直播服装产品的搜索，主要通过以下几点：

1. 选取符合粉丝消费能力的产品

在进行直播选品的时候，一定要考虑直播间粉丝人群对服装价格的承受能力，有些选品不考虑粉丝消费能力，就会导致价格超出粉丝的预算，从而无法卖出，对于这一点，选品前可搜索平台中与自己直播相匹配的其他直播产品进行对比，对比同类型产品直播中不同价格区间粉丝的消费量，并据此来选择合适的服装产品。

2. 各大直播平台的选择

在搜索服装产品时，对搜索平台的选择也十分重要，应先选择直播平台进行观看和对比，再利用电商平台进行服装针对性查询，这样可以节省时间，也具有更高的准确性。

3. 搜索复购率高的产品

复购率高的产品是粉丝觉得好用会反复购买的产品，复购次数越多，复购率就越高，也说明产品的质量较好。在选品时，选择复购率高的服装，再结合主播的现场直播，可以很大程度地提高销售量，并且留住一部分粉丝，作为常驻购买力。

（二）销量对比分析

在数据时代，肯定要科学地利用数据平台去选品，直播选品作为线上选品，万不能用线下的选品方式思考问题，而最过硬的选品参考，就是销量的多少，应通过对比分析销量，进行正确的选品。以蝉妈妈软件为例的对比过程如下（图 3.1-7 ~ 图 3.1-9）。

第一步，打开软件，先进行服装品类的选择。

第二步，开始选你自己的行业类目，这里有全部的分类，自行选择即可。

第三步，选定行业。以服装类目为例，点进去开始看下方的数据，看销售额，匹配度高的就是利润款，然后点开详情页查看商品的详细数据。

第四步，点开详情页，可以看到自己的数据和销售曲线。有两种情况：一种情况是在某一天销量突然爆增，然后又恢复到正常销量，这就是假爆发；另一种情况是波动很大，而且一直在上涨，这就是一段时间的常爆发（图 3.1-10、图 3.1-11）。

通过这些销量分析对比，可最终分析出真正销量高、质量好的产品用来当做自己直播间的选品。

图 3.1-7　服装品类选择（图片来源于网络）

图 3.1-8　行业类目选择（图片来源于网络）

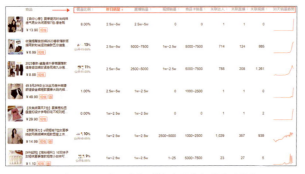

图 3.1-9　商品数据详情（图片来源于网络）

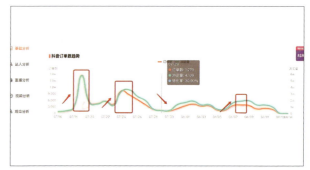

图 3.1-10　销售曲线 1（图片来源于网络）

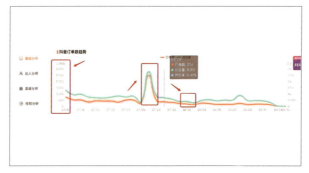

图 3.1-11　销售曲线 2（图片来源于网络）

本章节的任务实施、任务评价、知识题库内容扫描二维码在线阅读、练习

任务 3.2 服装商品上架

【思维导图】

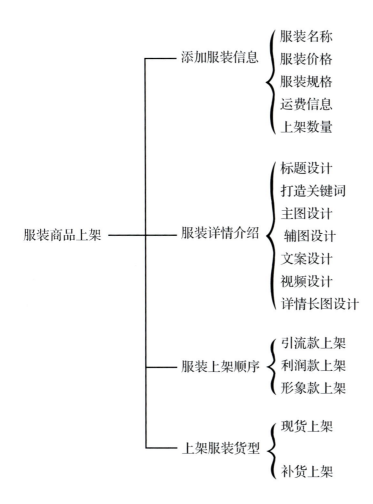

服装商品上架
- 添加服装信息
  - 服装名称
  - 服装价格
  - 服装规格
  - 运费信息
  - 上架数量
- 服装详情介绍
  - 标题设计
  - 打造关键词
  - 主图设计
  - 辅图设计
  - 文案设计
  - 视频设计
  - 详情长图设计
- 服装上架顺序
  - 引流款上架
  - 利润款上架
  - 形象款上架
- 上架服装货型
  - 现货上架
  - 补货上架

【任务导入】

　　为响应平台的"6·18"年中大促活动，某服装品牌店要陆续开展直播销售活动。为了能够借此机会扩大店铺的品牌声誉以及让利益最大化，在进行了精细的推敲选品后，他们要对服装商品进行上架操作，主要从添加商品信息、商品详情介绍、商品上架顺序以及上架商品货型等方面入手。

【学习目标】

（一）知识目标

　　了解服装直播准备过程中商品上架环节所包括的信息和内容，同时能够掌握如何添加服装信息、服装详情介绍以及服装上架顺序和服装上架货型的操作技巧。

（二）技能目标

在了解服装直播准备过程中商品上架所包含的基本内容和环节知识的基础上，能够进行实际操作。

（三）素质目标

通过商品上架的实操，以服饰商品上架为例，培养专业规范的职业技能和工作素养，显现出对多种风格服饰的文化认同感。

【知识学习】

在互联网直播活动中，商品上架环节对整个活动的成败起着至关重要的作用，它要让顾客在一定时间内即可知晓产品的名称和详细信息，其直接影响顾客的直观感受。服装商品上架通常包括添加服装信息、服装详情介绍、服装上架顺序以及上架服装货型等内容。

一、添加服装信息

（一）服装名称

商品名称是指为了区别于其他商品而使用的商品的称呼，可分为通用名称和特定名称。商品的通用名称只是指同一类商品的名称，不能用来区别同一种类的不同商品，如通用名"服装"是一类商品的名称。服装名称是指各种不同类型的服装的称呼。一些常见的服装名称包括：

① 外套：指穿在上衣外面的衣服，如风衣、夹克、大衣等。

② 上衣：指穿在身体上部的衣服，如衬衫、T恤、卫衣、毛衣等。

③ 裤子：指穿在身体下部的衣服，如牛仔裤、休闲裤、西裤、短裤等。

④ 运动装：指专门用于运动时穿着的服装，如运动T恤、运动裤、运动鞋等。

⑤ 裙装：指女性穿的连衣裙等。

⑥ 西装：指男性正式场合穿的套装，包括外套和长裤。

在服装品类中，如，Only、美特斯邦威、优衣库等都属于特定品牌名称。本书在这里仅列举了一些常见的名称。

在直播准备过程中，给所要上架的服装名称命名时，一定要让用户在最短的时间内知晓该服装的类型和款式，比如清凉透气糖果色T恤、小香风淑女连衣裙、民族风刺绣连衣裙等（图3.2-1）。

图 3.2-1　编辑商品名称

添加商品名称时应遵循的原则：

① 规范性原则。在输入商品名称时，要考虑到出售的商品是否有品牌的授权书，如果没有得到授权则不能上架出售；要避免运用不符合国家规定的词汇等，不得使用侮辱、挑衅等词语。

② 一致性原则。保证所上架的商品与实际出售的商品一致，避免出现标题与实际商品不符的现象。

③ 真实性原则。不得以带有同其他品牌相同或相似且容易误导消费者的商品名称或暗示信息。

④ 简明性原则。上架商品名称应以最简明的文字让顾客一目了然是何种商品，避免繁冗陈杂。

（二）服装价格

在服装直播活动中，商品的价格对于流量转化的影响是很重要的，在给商品定价时选择一个有利的价格非常重要。在定价时要考虑到很多方面，卖家要学会分析市场现状、顾客的需求、与对手之间的博弈、产品的优劣势，做到知己知彼，打造出属于自己的黄金定价法则，

1. 服装的成本

服装的制作成本、人工、运费、服装的品牌定位、性价比以及退货率都是在服装销售直播活动中定价时应该考虑的因素。

2. 市场需求

应考虑市场最优价格区间，可以通过平台搜索关键词找出用户的最优价位，这个价位通常代表最受买家喜欢的价格。

3. 定位人群

笔者认为商品适用人群决定自身的店铺人群。如果店铺内售卖的服装均价为90元左右，若上架多个服装商品定价为均价若干倍的话，此操作是欠妥的，同时也是不可取的，因为定价已超过大部分店铺人群能接受的价格区间，跨度过大不利于商品的曝光和下单率的提升。

在输入服装的价格时，应根据实际情况填写价格，如图3.2-2。

图 3.2-2　输入商品价格

图 3.2-3　编辑商品颜色信息

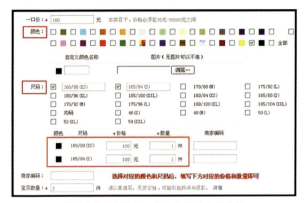

图 3.2-4　编辑不同商品规格对应的价格

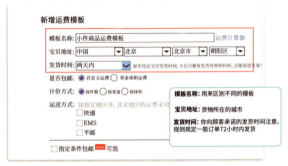

图 3.2-5　新增运费模板

图 3.2-6　编辑运费信息

（三）服装规格

在服装行业中，商品规格主要指的是衣服尺寸的大小。一般的码数分大中、小、号，有的甚至更精确。其次，服装商品的规格还包括对原材料做工的质量、颜色、成分以及检验方法的描述等。

① 在宝贝规格中勾选需要的分类数量，并且根据需要更改需要显示的文字（图 3.2-3）。

② 上传与尺码对应的商品图片，设置对应的尺码和价格（图 3.2-4）。

（四）运费信息

在设置运费信息时，可以预先输入不同的运费模板以供不同的上架商品使用。主要内容包括发货地址、发货时间、是否包邮、计价方式、运送方式等（图 3.2-5、图 3.2-6）。

（五）上架数量

在直播活动中，以淘宝直播为例，在给商品上架时，每个类目的商品发布都有一定的数量限制，也就是说发布商品是有数量上限的。商品上架数量上限计算方式需根据商家的等级、上架的商品类型等因素决定。那么，在服装直播活动中，是否需要在上架时把服装的所有库存数量都同时上呢？并不需要。如果将上架的次数和每次的数量拿捏好，这对于促成销售转化是很有帮助的，并且可以为直播活动带来一定的流量。在第一次上架时，可将货品的三分之一或二分之一的数量上架，而后可根据消费者的需求和店铺流量陆续增加上架次数。

二、服装详情介绍

（一）标题设计

标题的目的是召唤出对产品感兴趣的人。在直播过程中，打造具有吸引力的标题是非常重要的环节之一。一个有吸引力的标题不仅能够带来巨大的流量，还能扩大直播活动的传播范围。

在给商品设定标题时，应该把服装最大的优点放入标题，用最精简的话语将商品的卖点体现出来，这对商品浏览量和成交量都有直接的影响（图 3.2-7）。

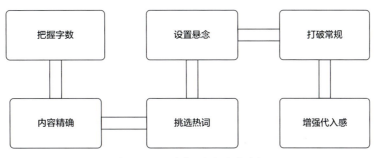

图 3.2-7　设计商品标题的关键点

① 把握字数：在给商品拟标题时，字数应控制在 30 字左右。

② 内容精确：标题应包含商品名称、描述、营销词等内容，要突出商品特点或者其他描述性的词语，比如：荷叶边、阔腿、收口、收腰等。描述词使用正确，可以更好地让用户了解产品的特性。如"包邮""尾单"等词的作用就不大，这样既没有让商品增加竞争力，反而还浪费了字数。

③ 挑选热词：在命名之前最好先搜寻一下最近网络的热词，事先收集好数据，然后根据具体的情况去挑选标题，这会让商品的浏览量大幅提升。但要注意切勿抄袭他人卖得好的货品标题，应结合自身商品的定位来酌情修改。

④ 设置悬念：在给商品设定标题时可以适当地使用悬念的形式，比如"你想要看起来和 XX 明星一样吗"等语句会进一步吸引客户的注意力。

⑤ 打破常规：在措辞时应该用最精练简洁的话语来突出商品的卖点，只要击中客户的需求心理，则会大幅提升商品的促成率。

⑥ 增强代入感：在给商品设置标题时，并不是每个标题都可以得到用户的认可，要在了解商品的目标群体、风格特征等信息后，结合产品特质来进行标题的优化。

（二）打造关键词

在商品详情介绍页面的编辑排版时，一定要注重"图文结合"和"图文相符"，为服装图片搭配一些简明扼要的关键词，能够让消费者明确服装的卖点。在选择关键词时，要注意 3 个要点（表 3.2-1）。

（三）主图设计

商品主图和其他细节图片在商品的介绍页面中发挥着不同的作用，各个图片对店铺销售的推动作用也是不一样的。

表 3.2-1　选择关键词的 3 个要点

关键词的选择要点	实施要求
字体要突出	要放大字号，将商品的优势和特性突出，使消费者一目了然
文字要精练	消费者通常会利用很短的时间浏览图片，因此要尽量避免繁冗陈杂的文字
结合图片的宣传亮点	例如图片表达的是这种衣服透气性好、吸汗，可是你用的关键词是"色彩鲜艳，种类多"，这会混淆商品的优势

图 3.2-8　主图设计

图 3.2-9　配有文案的辅图

3.2-10　突出商品细节

在服装电商直播活动中，主图通常会出现在几个界面中。第一个是直播预告商品宣传图片中，它能够让客户对即将上架的服装款式及类型一目了然。第二个是上架商品的列表界面中，在此界面中商品主图发挥的作用就是吸引客户从搜索页面来到店铺，或者是从上架商品列表中点击图片进入详情页面（图 3.2-8）。

（四）辅图设计

除了精心挑选作为封面的首页主图外，辅图也是很重要的。辅图的数量一般安排在 5 张以内，这能够让消费者产生继续浏览的兴趣。同时，商家也可以在这些辅图上添加适当的促销文案，将产品的核心卖点用合适的文字添加到图片上，这在一定程度上能够激发消费者的购买欲望。但不能喧宾夺主，辅图的主角仍然是产品本身，如图 3.2-9、图 3.2-10。

（五）文案设计

发布上架宝贝的时候可以创建宝贝描述详情页的模板，其上的文案设计是很重要的，因为很多买家在购买东西时都会先看详情页，这样会对本产品有一个大概的了解，所以要用精简的文字来描述本商品的各项优点与各项功能，一般来说就是设计理念＋商品材质＋设计版型＋商品颜色＋服装优点和洗涤条件。这样写出来的文案不仅精练且能把商品的质量和注意事项都包括在内。除此之外，还可以建立不同服装商品

图 3.2-11　编辑商品详情信息页面

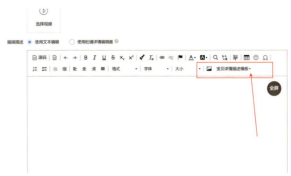

图 3.2-12　选择已保存的商品详情页面信息模板

图 3.2-13　保存商品详情信息

图 3.2-14　服装细节展示

图 3.2-15　领口特写

类目的详情描述模板，这样在编辑相似内容时可以直接选择已经保存的模板，如图 3.2-11 ～图 3.2-13。

（六）视频设计

一般来说，商品宣传视频分为两种模式，一种模式是让模特穿上服饰走秀展示，一种是商品平铺图。不管哪种模式首先都需要把固定架设置好，灯光架在服装的旁边让其看起来更有质感。

拿民族风绣花褶皱裙套装作为例子，它最大的特点就是裙摆褶子的棱角设计，所以我们在用第一种模式时，可以用固定镜头让模特向镜头走两步后转一个圈，这样不仅能展示裙裙褶子的棱角设计还能让穿着的人显得青春俏皮。第二种模式就是把裙子平铺在干净的桌面上，可以先用全景展示裙子整体的线条形状，再用几个特写分别展示裙子的细节，例如纽扣的设计、领口的造型、腰部的曲线、裙摆褶子的棱角设计感及刺绣图案的工艺等（图 3.2-14、图 3.2-15）。

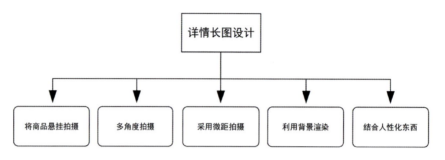

图 3.2-16　商品详情长图设计思路

图 3.2-17
将商品悬挂拍摄样式 1

图 3.2-18
将商品悬挂拍摄样式 2

图 3.2-19
多角度拍摄 1

图 3.2-20
多角度拍摄 2

（七）详情长图设计

商品的详情长图是为了让消费者进一步了解产品的细节。一个好的详情页，可以提高宝贝的支付转化率。对于顾客来说，详情页面里有宝贝的大图和宝贝的详细介绍。为了辅助提升商品的销售转化率，在编辑宝贝详情时，可以尝试从以下几方面着手（图 3.2-16）：

1. 将商品悬挂拍摄

将商品悬挂拍摄时要注重创意性，可以采用不同的悬挂方式，比如倒着、侧着拍等，或者将商品悬挂在可以与其相辅相成的环境中。拍摄商品时要注意灯光与商品的搭配，并从多张照片中选择一些效果最好的照片使用，如图 3.2-17、图 3.2-18。

2. 多角度拍摄

有时为了能够从多角度展示商品的特点和兴致，在给商品拍摄时可尝试从不同寻常的角度进行拍摄，尽量从更多的视角展示商品，如侧面、切面、由下至上等角度，如图 3.2-19、图 3.2-20。

图 3.2-21　采用微距拍摄 1

图 3.2-22　采用微距拍摄 2

3. 采用微距拍摄

在商品详情介绍界面中，微距产品照是重要组成部分，商家一般会将它与产品的其他照片共同展示出来，当然它有时也会作为让人眼前一亮的内容出现。在拍摄商品时，商家要充分借助灯光的作用将产品的细节特点最大化展示在顾客面前，如图 3.2-21、图 3.2-22。

4. 利用背景渲染

很多服饰商家在给服装拍摄时，通常会使用一些相对简单的背景或者选择一个能够映衬产品的背景。实际上，为了能够让商品更加吸引消费者的目光，提高商品转化率，主播可以设置一些有趣的背景来增加商品的独特性和趣味性，如图 3.2-23、图 3.2-24。

图 3.2-23　利用背景渲染 1

图 3.2-24　利用背景渲染 2

图 3.2-25　结合人性化元素 1

图 3.2-26　结合人性化元素 2

5. 结合人性化元素

在给服装类商品进行拍摄时，可以试图用一些方式赋予商品一个拟人化的性格。可以先将相关的服饰给工作室的其他一些人先试用，收集用户对商品的看法，接着以大众的看法为出发点，将消费者的评价总结整理成一系列的宣传资料。同时，可以将大众在不同生活场景中的试穿试用照片收集起来作为店铺的详情宣传页面资料，如图 3.2-25、图 3.2-26。

三、服装上架顺序

在策划直播活动时，我们通常会把即将上架的商品进行分类。如果是服装类的直播，我们通常会事先了解服装的规格、品类、材质、价格等信息，然后将服装分为引流款、利润款（爆款）和形象款等，并根据直播活动来确定它们的上架顺序。

（一）引流款上架

引流款是指给店铺和店铺商品带来流量的商品，这样的商品价格不能过高，引流款不是利润的主要来源，一般情况下它是不获利或获利很少的。引流款通常有以下几个特点：利润低（定价低）、做工简单、人群包容度强，与大多数主题的款式都可以搭配，主题辨识度强，销量较大。引流款产品折扣空间可以设置在 30% ~ 50%，再与爆款商品配合，将会有一个非常好的效果，如图 3.2-27、图 3.2-28。

图 3.2-27　引流款示例 1

图 3.2-28　引流款示例 2

（二）利润款上架

利润款是一批货的主要利润来源，也是一批货里相对其他品牌最有竞争力的款式，利润款的品类一般有外套、针织衫、裤子或裙子等。

利润款有以下几个特点：款式类型多，利润中等（或定价中等），人群包容度普通，主题辨识度强。利润款一定是在面料、款式、图案或细节上有一个突出卖点的款式，但也不需要面面俱到，如图 3.2-29、图 3.2-30。

（三）形象款上架

形象款通常是上架的一批货里最有视觉冲击力的部分，具有前瞻性、潮流性、夸张性甚至唯一性等特点。形象款通常不会特别注重销售额，而是为了维持品牌形象而设计的商品。

形象款通常有以下几个特点：款式相对少，定价相对高一些，人群包容度较窄，主题辨识度很强，销量相对来说较小，如图 3.2-31、图 3.2-32。

四、上架服装货型

（一）现货上架

在服装销售中，现货指的是可立即出货的商品，也就是实物；在服装领域中，现货是指成交后可以当时交割和清算的货物等。

上架就是放在网页货架上的商品可以进行购买了，通俗来讲，上架就是卖场员工把要卖的商品放在网页购物架上，让顾客自己选购。

图 3.2-29　利润款示例 1

图 3.2-30　利润款示例 2

图 3.2-31　形象款示例 1

图 3.2-32　形象款示例 2

<table>
<tr><td>图 3.2-33　现货上架</td><td>图 3.2-34　补货上架</td></tr>
</table>

结合以上两点得出，现货上架也就是指可立即出货、储存的商品，是放在网页的货架上让顾客自行购买的产品（图 3.2-33）。

（二）补货上架

补货上架就是指理货员将标好价格的商品，依照商品各自既定的陈列位置，定时或不定时地将商品补充到网页货架上，供顾客进行购买。

如果在服装直播过程中遇到某个商品受到顾客的热捧和青睐，这时可以适时调整销售策略，如以预售的方式上架销售，可分为七天、十五天或三十天等时间段的预售方式（图 3.2-34）。

本章节的任务实施、任务评价、知识题库内容扫描二维码在线阅读、练习

任务 3.3 服装营销策划

【思维导图】

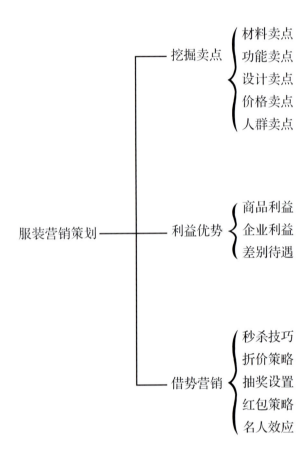

服装营销策划
- 挖掘卖点
  - 材料卖点
  - 功能卖点
  - 设计卖点
  - 价格卖点
  - 人群卖点
- 利益优势
  - 商品利益
  - 企业利益
  - 差别待遇
- 借势营销
  - 秒杀技巧
  - 折价策略
  - 抽奖设置
  - 红包策略
  - 名人效应

【任务导入】

　　除节假日促销以外，一些重大的促销活动已经逐渐发展成为品牌卖家重要的隐性推销商品时间，在重大的促销节日即将正式到来之际，各个卖家"摩拳擦掌"，纷纷表示他们非常希望能够通过这些重大节日的契机来快速增加自己的产品销量。在完成直播活动的选品和商品上架环节后，下一步需要考虑的问题是使用何种途径能够让观众尽可能地在直播间一直停留并且真正让顾客购买直播间的商品，本章节主要从服装商品的卖点优势、利益优势以及如何借势营销出发，综合考虑这些因素并制定相应的营销手段促成消费。

【学习目标】

（一）知识目标

了解服装品类直播活动常用的营销手段，从商品的卖点、商品的利益点和互动形式方面着手，在不违反相关法律法规和行业准则的基础上掌握基本的直播营销策略。

（二）技能目标

能够区分商品的卖点、利益点和互动形式的具体表现形式，并能将相关的商品信息准确无误地传达给消费者。

（三）素质目标

通过了解直播活动中商品营销策划的主要表现形式及其作用，培养规范、专业的工作素养，避免出现诋毁、侮辱、谩骂、蔑视或违反国家法律法规的现象。

【知识学习】

人言道："商场犹如战场"，在节假日促销来临之际，作为卖家想要让自己的商品利益最大化，必须要有详细的规划，这样才能运筹帷幄，把握时机。卖家要针对节假日的特点，分析买家的需求和当前服装行业的流行趋势进行策划。可从多方面下手，如产品的卖点、产品所带来的利益点以及用其他一些互动形式辅助等。

一、挖掘卖点

（一）材料卖点

不同的材料做出的服装质感是不同的。好的面料能让衣服看起来更有质感，品质更好，穿上合身并且舒服，所以这时就要具体着重突出强调材料的优质感，例如介绍用料中的纤维性质、材料原产地、舒适程度、与其他材质的相互比较各方面的优劣，用其他企业同款产品面料的不足之处来重点突出我们的优质之处（图 3.3-1）。

（二）功能卖点

功能卖点就是要具体突出和强调本服饰的功能性，如保健型服饰就要突出服装的功能性。保健类服装穿着中要让人有良好的舒适感。对于装饰类服饰就要重点突出强调其服饰的美观性，要满足人们精神上对于美的享受，其重点就是服装形态的保持性、垂坠性、弹性、防皱性以及款式、版型等（图 3.3-2）。

（三）设计卖点

所谓的设计卖点，就是要重点强调其设计感，也就是符合大众审美的服饰造型，要着重强调其设计的灵感和原创性，其造型不仅要符合大众的审美标准，也要符合设计师个人的设计美学；也可以突出强调设计师获得的奖项和名誉。总的来说，设计卖点就是突出服饰的美观度和其设计原创性（图 3.3-3）。

图 3.3-1　介绍商品的用料特点　　　　　　图 3.3-2　突出商品的功能卖点

图 3.3-3　将设计师的设计灵感穿插到详情页面中

（四）价格卖点

　　价格卖点就是指从价格入手，用低廉的价格吸引顾客的目光，用量大的方式以低价的形式卖出更多的商品，可以使用价格实惠且质量不错的布料来降低商品的成本，这样就可以以实惠的价格让更多的人购买产品并且能有不错的评价（图 3.3-4）。在相同的商品中也可以用低价政策让自己获得更大的优势，从而让更多的顾客进行购买和自主推广。

图 3.3-4　用低价吸引顾客

（五）人群卖点

不同的消费人群会对服装的关注点、需求点不同，主播在进行直播活动遇到这种情况时，就需要有针对性地突出服装的特点，从而满足不同顾客群体的需求。

例如对成人服装不同风格款式来说，需要在卖点上突出服装的美观性和功能性。

二、利益优势

（一）商品利益

商品的利益点是商品让人接受的特点，能给人带来直接利益或间接利益。只有把一个属于产品的主要功能和核心价值观的信息点通过改造转变成一个属于消费者的核心利益意识点，让更多的消费者能够认识和看到这个产品到底可以给他们自身带来哪些好处，才会更加有效地吸引更多人，也更加有可能继续增强和不断提高其整个产品的核心附加值，并将其整个产品的核心价值切切实实地转变成一个企业品牌的核心竞争力和优势。

产品的价值和利益点必须要求是具有一定竞争力的，至少是其他商家无法提供或鲜有人提供的。产品的最大利益和卖点必然是所有消费者最为关心的，最感兴趣的或者对于消费者来说最重要的。产品的利益点要集中，昭示要明确，不要过于复杂，以免分散人们注意力，失去关注焦点。

（二）企业利益

拿视频直播举例，视频直播为企业提供了一种更加立体的营销平台，当你的企业的营销和直播结合在一起之后，你会发现你的产品正在以一种非常真实立体的感觉呈现在消费者面前，而且顾客对你产品的感官是更加直接的。现在已经有一部分企业通过网络视频直播或者广告塑造自己的品牌，使得自己的品牌更加具备立体性。这样的直播营销方式大幅度减少了品牌和受众的距离感，提升了顾客对企业的信任感。

（三）差别待遇

传统的商铺是线下货架式商铺，消费者面对琳琅满目的货架上的商品，时常会因为选择的问题而烦恼。而在直播电商模式下，消费者不用再辛苦地"货比三家"，而是由内容创作者帮消费者先筛选了一遍，并将筛选出来的商品进行深度剖析，帮助消费者选择最适合的商品和服务。消费者的消费场景已经由货架式场景优化到了商品使用场景。

三、借势营销

（一）秒杀技巧

所谓的"秒杀"，就是网络卖家在网上发布的一些超低价或与原价相差甚远价格的商品，让所有的购物网站商品买家都能够在同一个时间内在同一个商品网页上直接进行下单抢购的一种网络营销活动方式。通俗一点来说，就是各类大型网络产品商户为了实现提高商品销量等目标而自行组织的各类大型网络商品限时限量抢购。由于这类网络商品的销售价格低廉，往往每次商品上架后几天都会被大量的消费者抢购一空，甚至有时候仅仅用几秒钟就抢完了。

图 3.3-5　秒杀技巧

当然，在服装直播活动中，设置的秒杀商品不一定是服饰类商品，它可以是一些零食、小饰品等，这也是为了给直播间带来流量转化和提高关注度（图 3.3-5）。

（二）折价策略

折价策略也被称为"价格＋折扣"，这也是在特价销售中最直接的市场营销策略。它使卖家通过大幅度地降低其产品的正常售价，直接为消费者带来经济上的利益，从而有效地促进了消费者的购买，卖家也达成宣传目的。在直播活动中，最常用的折扣方式有两种。一是直接在商品界面给出折扣价格，并与原价做出对比，促进客户的购买欲。二是让客户领取消费券，不同的商品可以采取不同的优惠券额度进行抵扣，此种方法同样可以刺激消费（图 3.3-6）。

（三）抽奖设置

通过设置抽奖活动能够让自家店铺的浏览量大幅度提升，同时也会让自家商品和店铺收藏量大幅度提升，当然这也和整个抽奖活动的奖品力度有很大关系，奖品力度越大浏览量也会越大，不过这只是整个推广过程中的一小步，要想真正把销量做上去，需要把产品质量做实在，把服务和客户的评价做得更好，抽奖活动对于新老店铺都有着非常大的推广效果（图 3.3-7）。

（四）红包策略

红包策略就是指商家使用红包反馈的形式让顾客自主多买商家的商品，从而达成商家推广自家商品的一种现代化的营销模式，这样的模式不仅让商家得到相应的推广，还让大量的消费者得到实惠，达成了互利互惠的优良循环（图 3.3-8）。

图 3.3-6　折扣设计形式

图 3.3-7　抽奖设置

图 3.3-8　红包设置

（五）名人效应

所谓的名人效应指的是利用名人所产生的吸引力扩大影响范围的现象。大众对于名人的一举一动都会非常关注，他们希望可以尽可能地靠近名人的生活，比如用名人同款物品、拥有名人穿过的同款衣服等，以得到心理上的满足。对于服装商品来说，明星同款就可以成为一个非常好的宣传卖点。

主播如果利用名人效应来营造、突出服装的卖点，就可以吸引消费者的注意力，让其产生强烈的购买欲望，图 3.3-9 所示为明星同款服装。

图 3.3-9　明星同款服装

本章节的任务实施、任务评价、知识题库内容扫描二维码在线阅读、练习

任务 3.4　直播脚本撰写

【思维导图】

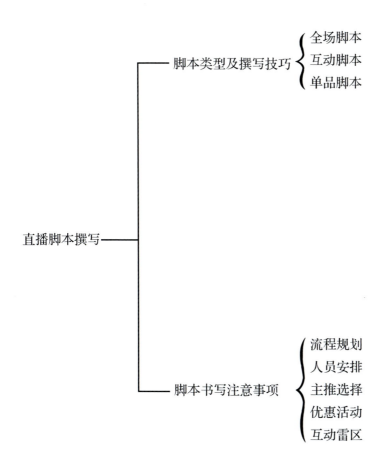

直播脚本撰写 ┬ 脚本类型及撰写技巧 ┤ 全场脚本 / 互动脚本 / 单品脚本
　　　　　　└ 脚本书写注意事项 ┤ 流程规划 / 人员安排 / 主推选择 / 优惠活动 / 互动雷区

【任务导入】

　　某平台"6·18"年中大型促销活动即将来袭，小陈与小梦所在的团队准备进行一场服装品牌专场直播售卖活动，为圆满完成此次直播活动；团队需要将整场直播按照先后顺序进行统一整理规划并书写成直播脚本，使直播活动井然有序地开展。

（一）知识目标

　　了解撰写直播脚本的目的及书写技巧，并能掌握直播中全场脚本、互动脚本、单品脚本的撰写及实操运用。

（二）技能目标

能通过对整场直播活动的详情解析、流程规划、卖点提炼，掌握直播中全场脚本、互动脚本、单品脚本书写。

（三）素质目标

通过对电商直播脚本整体流程的书写训练，培养专业规范的职业技能和工作素养。

【知识学习】

脚本，通常为使用既定的描述语言并根据一定格式编写出来的可以执行操作的文件，也可以指拍摄视频或进行表演所依据的通稿底本。直播中的脚本则用来让整场直播按照提前设定好的目标方向，保证整场直播顺利进行，促进直播产品的售卖，起到理清脉络、规划全局的作用。

一、脚本类型及撰写技巧

（一）全场脚本

全场脚本是指电商直播中主播或关键意见销售会使用的一套脚本，用于引导和推销商品，增加销售量和收益。其中最重要的是规划安排全场直播套路；把控直播节奏。在撰写全场直播脚本时，需要按照整体大纲来书写。整场直播分别为开场环节、售卖环节、结束环节以及复盘环节四个环节构成，整场直播根据商家需求全长大致为 3.5 ~ 5 小时，主播需将时间合理分配到四个环节当中，以下为全场脚本大纲书写模板（表 3.4-1）。

当直播大纲梳理完毕后，就可以根据大纲规划撰写出更加详细的全场脚本，直播脚本模板如表 3.4-2 所示。

表 3.4-1　服装直播活动全场脚本大纲（以 3.5 小时为例）

全场直播环节	所需时长	直播节奏	核心玩法	商品卖点
开场环节	5 ~ 20 min	开场预热	聊天、抽奖、福利	/
售卖环节	1 h	售卖初期	抽奖，福利	引流款主推
	1 h	售卖中期	娱乐互动游戏	爆款、性价比优势服装
	1 h	售卖后期	免单、秒杀、提升下单率	降低客单价，服装返场
结束环节	10 ~ 15 min	结束收尾	感谢，下期预热	/
复盘环节	30 min	复盘整理	复盘、归纳	/

表 3.4-2 服装直播活动脚本

直播概要			
直播主题	2021XXX 服装品牌 6·18 年中大促活动		
直播日期	x 年 .x 月 .x 日 xx:xx	直播平台	抖音 / 快手 /xx 平台
主播简介	昵称、个人简介	工作人员	总监管、场控、运营、客服、水军
直播产品	李宁、安踏、回力、美特斯邦威		
推荐顺序	根据服装品牌热度、价格高低、穿搭先后顺序		
直播内容			
场外准备	发布预告、宣传造势、人员分配、检查设备、梳理产品		
开场预热	开场介绍、才艺展示、互动		
服装品牌介绍	介绍服装品牌及其特点、使用话术引导粉丝关注		
直播活动规则	活动整体流程、优惠福利规则		
服装讲解	全方位介绍，直播主播与品牌代表进行问答互动环节，使顾客产生购买动机		
搭配试穿	介绍如何利用服装打造节日主题造型、搭配分享、试穿产品并进行评价		
观众互动	解答观众疑问、分享经验		
抽奖优惠	直播过程中进行抽奖、红包、满减活动		
结束总结	结束语感谢顾客，引导关注、下场预告		
复盘归纳	总结整场直播活动，发现问题并及时修改脚本，巩固完善		

（二）互动脚本

直播互动脚本的撰写是直播运营中非常重要的一环，通过合理的互动脚本设计，可以增加直播的互动性和观众的参与度，提高直播的销售量和关注度。

1. 确定直播主题和目标受众

在编写直播互动脚本之前，需要明确直播的主题和目标受众，以便于确定直播的内容和方式。例如，如果直播主题是时尚穿搭，那么目标受众是时尚爱好者或需要购买服装的消费者。

2. 制定直播时间表

根据直播主题和目标受众，制定直播的时间表，包括直播开始和结束时间、各个环节的时间分配等。在制定时间表时，需要考虑直播的节奏和观众的观看习惯，合理安排各个环节的时间。

3. 准备互动环节

根据直播主题和目标受众，准备互动环节，例如问答、抽奖、红包等，以吸引观众参与和增加互动。

在设计互动环节时，需要考虑观众的兴趣和需求，同时要注意互动环节的公平性和趣味性。

4. 编写直播互动脚本

根据直播时间表和互动环节，编写直播互动脚本。在编写脚本时，需要注意以下几点：

语言表达清晰明了：在互动脚本中，需要注意语言表达的清晰度和明了度，以便于观众理解。

环节衔接自然流畅：在互动脚本中，需要注意各个环节的衔接，保证过渡自然流畅。

互动方式多样有趣：在互动脚本中，需要注意互动方式的多样性和趣味性，以吸引观众参与。

产品介绍突出亮点：在互动脚本中，需要注意产品介绍的突出点和亮点，以吸引观众关注。

5. 完善直播细节

在直播过程中，需要注意细节的完善，例如回答观众问题、处理突发情况等，以确保直播的顺利进行。同时，需要根据实际情况及时调整互动脚本，以达到更好的效果。

总之，直播互动脚本的撰写需要结合直播的主题、目标受众、时间表、互动环节等多个因素，以确保直播的质量和效果。通过合理的互动脚本设计，可以增加直播的互动性和观众的参与度，提高直播的销售量和关注度。

以下是一些引流话术案例参考

1. 问候和欢迎类

"大家好，欢迎来到我的服装直播间！我是你们的主播小美，今天我将和大家一起分享一些时尚的服装。"

2. 产品介绍类

"这款连衣裙是今年最流行的款式，它的颜色是柔和的米白色，非常适合春夏季节穿着。而且我们还有不同的尺码和颜色可供选择，大家可以根据自己的喜好进行选择。"

3. 互动和参与类

"大家觉得这款连衣裙适合谁穿呢？可以在弹幕里留言告诉我！如果你有任何搭配建议或者想要看更多款式，也可以告诉我哦。"

4. 推销和优惠类

"这款连衣裙现在有优惠活动哦！购买两件可以享受 8 折优惠！而且我们还有限时促销，时间有限哦，快来抢购吧！"

5. 总结和告别类

"今天的服装直播就到这里了，谢谢大家的观看和支持！如果你喜欢我的直播，可以关注我的账号，以便于下次直播时收到通知。下次见！"

（三）单品脚本

单品脚本是指针对独个商品而撰写的脚本，所以就需要比全场脚本书写得更加细致。单品脚本撰写时需分析单个服装商品的各项数据，提炼其核心卖点，让主播与顾客都能清晰了解商品。另外还需要从商品货品号码、品牌名称信息、商品原价与现价、优惠活动力度、商品库存情况、直播过程变动以及服装产品卖点方面撰写。单品脚本最好和全场脚本一样，使用表格的形式书写，这样条理清晰，避免出现混乱不清晰的状况，以提高效率。表 3.4-3 为单品脚本书写模板。

表 3.4-3　XXXX 服装活动直播单品脚本

产品名称	产品货码	服装配图	核心卖点	原价/优惠力度	现价	机动调整
2021 民族风中长款外套	1165824587		1. 修身版型，做工精细 2. 民族风格花纹，颜色丰富	500 元/满 500-50 元（直播间限时优惠 10 元红包券）	440	销量上涨，临时变更为主推款。
/	/	/	/	/	/	/
/	/	/	/	/	/	/

二、脚本书写注意事项

为了写出一份条理清晰、逻辑缜密的直播脚本，助力直播顺利开展，需要从流程规划、人员安排、主推选择、优惠活动以及互动雷区这五个方面来注意脚本的书写。

（一）流程规划

在整场直播中，脚本的流程规划是至关重要的，因直播时间有限，要尽可能在最短的时间内达到最好的交易成绩，就需要将直播流程规划精准到分钟，包括直播目标、直播主题、直播预热、产品介绍、观众互动、服装产品介绍，把时间和流程规划好，按照既定计划执行直播活动。在流程规划中，需要注意以下几点：

① 首先需要确定直播计划的目标，如直播观看量、点赞量、关注率、进店率和成单量等，然后可以根据目标规划直播流程，以确保整个直播过程有条不紊。

② 在确定整场直播的主题时，需要像写论文一样，围绕中心思想进行撰写，以确保主题的方向性和连贯性。例如，如果主题是秋季服装，那么直播脚本需要突出秋季品牌服装、穿搭技巧和穿搭效果等要素。

③ 直播时间需要提前确定并严格执行。最好能够在固定的时间段进行直播，并准时开播，以养成顾客观看直播的习惯。直播结束后，不要拖延时间，可以将未介绍完的产品放到下一期直播中，使用饥饿营销的方式营造悬念，刺激消费。同时，需要及时预告下次直播时间，让粉丝保持对直播的新鲜感，促进顾客观看直播的习惯养成。

（二）人员安排

为了保证服装电商直播的顺利开展，需要合理安排直播人员的职责和任务。通常情况下，直播人员的职责可以分为以下几个方面：

① 直播主持人：主持人是整场直播的核心人物，需要有良好的主持能力和互动技巧，能够吸引观众的注意力，推介产品和服务，提升产品的曝光度和销售量。

② 直播美妆师：美妆师负责为主持人和嘉宾进行化妆，同时还需要为观众展示不同的化妆技巧和产品使用方法，以帮助观众更好地了解和使用相关产品。

③ 直播摄影师：摄影师负责拍摄整个直播过程中的画面，包括主持人、嘉宾、产品展示和观众互动等内容，以提高直播的画面质量和观看体验。

④ 直播编辑：编辑负责整理和编辑直播录像，对直播中的重点内容和亮点进行剪辑和处理，以制作出更加优质的直播视频，提升产品和品牌的形象和知名度。

⑤ 直播客服：客服负责在直播过程中回答观众的问题和解决观众的疑虑，提供及时的客户服务和支持，提高观众的满意度和购买率。

⑥ 直播营销：营销人员负责规划和执行直播营销策略，包括优惠活动、促销方案和品牌推广等，以提升产品的销售量和市场占有率。

以上人员安排是一些常见的角色分工，具体情况可以根据直播的类型和内容进行调整和优化。同时，直播人员的素质和能力也是影响直播效果的关键因素之一，需要在招聘和培训上下功夫，以确保直播人员的专业水平和服务质量。

（三）主推选择

在直播过程中，选择合适的产品进行主推是非常重要的，可以提高产品的曝光度和销售量。以下是一些选择主推产品的建议：

① 产品选择要与直播主题相符，例如，如果直播主题是夏季服装，那么主推产品应该是夏季服装款式和搭配。

② 选择热销产品或新品推广，可以吸引更多的观众关注和购买。

③ 选择与直播嘉宾相关的产品，例如，如果嘉宾是名人，则可以主推嘉宾代言的产品。

④ 选择与当前市场需求相符的产品，例如，如果当前市场需求是口红，那么可以主推新品口红或热门口红款式。

⑤ 选择与品牌定位相符的产品，可以提升品牌形象和知名度。在选择主推产品时，需要考虑到多个因素的综合影响，以确保产品的推广效果最大化。同时，在直播过程中也需要注意产品的展示和介绍，以吸引观众的注意力和提高购买欲望。

（四）优惠活动

在服装电商产品直播过程中，可以结合优惠活动来提高观众的参与度和购买欲望。以下是一些常见的优惠活动方式：

① 限时秒杀：在特定时间段内对特定产品进行折扣促销。

② 满减活动：在购买满一定金额的产品时，可以享受一定的优惠折扣。

③ 礼品赠送：购买特定产品或达到一定购买金额时，赠送相应的礼品，提高购买产品的附加值和购买欲望。

④ 优惠券活动：提供不同面额的优惠券，让消费者在购买产品时使用，以享受相应的优惠折扣。

⑤ 竞猜游戏：通过答题或其他互动方式进行竞猜活动，赢取优惠券或礼品等奖品，以吸引观众的参与和购买。

在进行优惠活动时，需要注意以下几点：

① 活动时间要合理，最好结合特定节日或品牌活动进行，以提高消费者的参与度和购买欲望。

② 活动内容要清晰明了，消费者能够容易理解和参与，以避免活动复杂度过高而影响消费者的参与度和购买意愿。

③ 活动的优惠力度要合理，价格不能过于低廉或过于高昂，以保持利润和消费者的信任度。

④ 活动的奖品要与消费者需求相符，能够吸引消费者的参与和购买。

⑤ 活动的执行和跟进要及时和有效，避免出现失误和纠纷。

综上所述，优惠活动是一种有效的产品推广方式，可以提高产品的销售量和品牌知名度。

（五）互动雷区

直播是一种新兴的销售模式，在服装电商直播产品互动过程中，需要注意一些互动雷区，以避免不必要的误解和影响。以下是一些常见的互动雷区：

① 引导消费者"刷屏"：强制或引导消费者在直播间内频繁留言或刷屏，会影响其他观众的观看体验，甚至误导消费者和破坏品牌形象。

② 收集个人隐私信息：在互动过程中收集消费者的个人隐私信息，可能引发消费者的不满和担忧，甚至涉嫌违法。

③ 散布虚假信息：在直播过程中散布虚假信息或误导消费者，会损害消费者对品牌的信任度和口碑。

④ 过度营销和推销：在互动过程中过度推销或营销，容易引起消费者的反感和不满，甚至影响品牌形象。

⑤ 忽视消费者反馈和建议：在直播过程中忽视消费者的反馈和建议，容易导致消费者流失和品牌声誉受损。

在直播产品互动过程中，需要注意以下几点：

① 尊重消费者，避免强制或引导消费者进行互动。

② 保护消费者隐私，避免收集过多个人隐私信息。

③ 严格把关信息准确性，避免误导消费者和散布虚假信息。

④ 合理营销和推销，避免过度营销和推销。

⑤ 关注消费者反馈和建议，及时回应和解决问题，提高消费者的满意度和忠诚度。

本章节的任务实施、任务评价、知识题库内容扫描二维码在线阅读、练习

任务 3.5 直播引流推广

【思维导图】

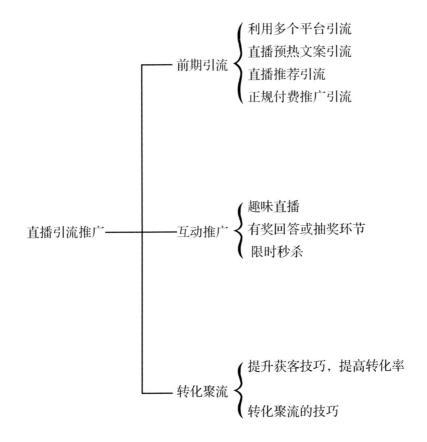

前期引流
- 利用多个平台引流
- 直播预热文案引流
- 直播推荐引流
- 正规付费推广引流

直播引流推广 —— 互动推广
- 趣味直播
- 有奖回答或抽奖环节
- 限时秒杀

转化聚流
- 提升获客技巧，提高转化率
- 转化聚流的技巧

【任务导入】

随着"6·18"年中大促活动的临近以及服装品牌新店的开业，小王和小林需要为他们所在的服装品牌店铺进行网络直播前的引流和推广。他们打算利用自己擅长的互联网技术，通过前期引流、推广以及聚流转化等操作技巧，实现精准投放，以吸引更多的潜在客户关注。

（一）知识目标

掌握引流、推广、策划和操作技巧，了解客户引流的前期引流、互动推广、转化聚集流量客户应用等方面所需的知识要点。

（二）技能目标

在了解引流宣传过程中商品宣传的基本内容和环节知识的基础上，能够实际完成操作。

（三）素质目标

培养学生创新能力和实践能力的工作素养。

【知识学习】

引流是指通过渠道吸引人群，让更多的潜在用户或顾客注意到自己或自己的产品、服务、内容等，并吸引他们主动进入自己的平台、网站、店铺或社交媒体账号等进行交互、浏览或购买等行为。引流的目的是扩大产品的曝光度、增加潜在客户数量，促进销售。

一、前期引流

（一）利用多个平台引流

为了宣传在线直播间，我们可以利用各种新媒体平台。例如，在微博上发布图文消息，让所有关注者都能看到直播活动的具体时间，以提高直播的关注度。此外，采用不同的奖励方式，如文章转发和评论，通过粉丝间的裂变传播来推广在线直播间。另外，在微信好友圈发布抖音在线直播间的二维码，通知好友在线直播的时间，并招募他们进入直播间。此外，微信好友圈、小红书、问答社区和实体店等平台也是重要的引流渠道，可以发布在线直播间的预热资讯。

1. 微信好友圈

在微信好友圈分享有趣、有用、引人注目的内容，如时尚穿搭、新品推荐、折扣信息等，吸引好友的关注和转发。通过提出问题、邀请评论、发起活动等方式，促使好友互动并分享你的内容，扩大影响力和触达更多人群。

2. 小红书

在小红书上分享自己的时尚穿搭经验、购物心得和产品评测，提供有价值的内容，吸引粉丝的关注和转发。在发布的内容中使用相关的标签和关键词，增加被搜索到的机会，提高曝光度。

3. 问答社区（如知乎、Quora）

在问答社区中找到与服装相关的问题，给出有用的回答，并在回答中提及自己的品牌或产品，引导潜在顾客关注你的品牌。通过发布高质量的回答、分享专业知识和经验，树立自己在行业中的专业形象，吸引更多关注和信任。

4. 实体店

在实体店举办时装秀、品牌发布会、促销活动等，吸引顾客参与并提供优惠购物的机会。在实体店内设置海报、橱窗展示，展示品牌的特色、新品信息，吸引过路顾客的注意。

在利用多个新媒体平台进行引流时，需要保持内容的一致性和品牌形象的统一，确保在不同新媒体平台上传达的信息一致并符合目标顾客的需求。同时，积极与用户互动，回应评论、提供帮助和解答问题，建立良好的品牌形象和用户关系。

（二）直播预热文案引流

在进行直播预热时，文案的撰写至关重要。首先，需要明确直播的主题和内容，并与目标受众相匹配。

这种方式常见于名人、达人和品牌合作的直播预告中。其次，使用吸引人的标题和图片，能够迅速吸引目标受众的注意力。通过多种直播预告的方式方法，以提升文案曝光度时使用。此外，在文案中突出直播的亮点和特色，以激发受众的兴趣。

在引流方面，可以通过分享到新媒体平台、微信群和各类论坛等途径进行直播速报，让粉丝了解并参与直播间活动，从而提高整体的可操作性。同时，可以利用各种优惠券和福利等方式吸引受众参与，并在直播间中进行流量引导和商品推荐（图 3.5-1）。

图 3.5-1　直播速报

预告视频短片的重点是告诉别人什么时候、什么场合做什么事情、有什么好处、有什么亮点，从而唤起粉丝看直播视频的兴趣，比如会有多少轮红包，会有什么福利活动。总之，为了引导观众看直播，您可以通过以下三种方式在来吸引用户：

① 设置悬念——激发用户好奇心。

② 运用数字——直观感受卖点。

③ 简洁明了——拉近距离。

有了对这些小细节的改进可以增加直播魅力，从获得更多流量。这是在直播节目前期预热和增加直播间人气的一点。

（三）直播推荐引流

直播推荐引流是指在直播过程中，根据用户在直播间停留时间、互动转化率等数据指标的生成，系统认定直播间质量较高，并基于此向更多潜在消费群体进行推荐。以抖音直播间为例，当粉丝数量不到 10 万人时，主要依赖平台推荐来提高人气。然而，开播后并不会立即被官方推荐，系统会根据直播间的相对人气来判断其受欢迎程度，从而决定是否向更多人推荐该直播间（图 3.5-2）。

直播间人气受到两个关键因素的影响：直播间互动率和观看时间。直播间互动率指的是观众在直播过程中点赞、转发和评论的数量；观看时间则是观众在直播间停留的时长。当直播中的红心点击数增加时，直播间的热度也会随之提升。此外，增加观众在直播间的停留时间或赠送更多礼物等方法都是提升直播间热度的关键。直播间的流量和热度与其推荐程度密切相关。

在直播间活动引流中，我们可以采用多种方式引导观众成为粉丝，以增加与直播视频活动之间的互动氛围，或者提升直播视频活动的推荐表现。

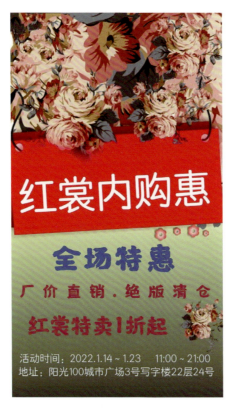

图 3.5-2　直播互动的重要性

例如，在直播过程中不定期发放红包，并设定抢红包的特定时间，这是一种有效的增加用户停留时间的方式。通过这样的活动，观众可以积极参与抢红包的互动，进而延长他们在直播间的停留时间。

直播间的受欢迎程度直接影响现场视频直播带来的商品销量。福利的主要目的是提高粉丝的黏性，因为直播间的内容足够吸引人，使得用户对直播间形成了较强的兴趣和黏性。在这个过程中，使用者和直播间之间建立了信任关系，逐渐实现了产品转型。因此，未来可以随时进行直播，而直播间的人气也会逐渐提升。

（四）正规付费推广引流

付费推广引流是一种通过支付费用来推广和引导流量的方法。在营销领域，企业或个人可以选择在新媒体平台上进行付费推广，以吸引更多的目标受众到自己的产品、服务或内容中。

付费推广引流通常包括以下几种形式：

① 广告投放：企业可以选择在搜索引擎、社交媒体、视频平台等各种在线渠道上投放广告，以增加品牌曝光和吸引用户点击进入自己的网站或页面。

② 搜索引擎营销（SEM）：通过在搜索引擎上购买关键词广告，使自己的网站在相关搜索结果中获得更高的曝光度和点击量。

③ 社交媒体广告：在社交媒体平台上购买广告位，利用平台的用户定向功能和广告投放形式，将自己的品牌或内容推送给目标受众。

④KOL 合作：与知名的意见领袖或社交媒体上的有影响力的个人合作，让他们通过推荐、分享或直播等方式向他们的粉丝推广自己的产品或服务。

通过付费推广引流，企业可以快速获得更多的曝光和访问量，扩大品牌影响力，吸引潜在客户，并最终提升销售和业务成果。

二、互动推广

直播互动推广是指专门用于推广和互动的直播空间或房间。直播互动推广是一个集互动、推广和营销为一体的直播空间，通过主播与观众的互动，促进品牌推广、产品销售和用户参与。它通常是一个在线平台或应用程序中的特定功能或区域，旨在促进主播与观众之间的互动，并提供推广和营销的机会。

在直播互动推广中，主播可以通过与观众的实时互动来增强粉丝黏性和用户参与度。这些互动可以包括观众的点赞、评论、送礼物、分享直播等。主播可以借助这些互动方式与观众建立更紧密的联系，增加观众的参与感和忠诚度。

同时，直播互动推广也提供了一些推广和营销的机会。主播可以利用直播间内的广告位、合作推广、产品展示等方式，向观众介绍和推广相关的产品、服务或活动。观众在直播互动推广中的参与和购买行为也为商家带来了商业价值。

（一）趣味直播

趣味直播是一种以娱乐和趣味为主题的直播形式。在趣味直播中，主播通过创造有趣、有互动性的内容和活动，吸引观众的注意力并提供娱乐价值。这种直播形式通常注重轻松、欢乐的氛围，通过游戏、挑战、互动问答、才艺表演等方式吸引观众的参与和互动。

在趣味直播中，主播的个人魅力和幽默感往往起到重要作用，他们可以通过幽默风趣的语言表达、搞笑的动作表演或者有趣的互动环节来吸引观众的关注和笑声。同时，趣味直播也常常与特定主题或活动相结合，如节日庆典、搞笑挑战、猜谜游戏等，以增加观众的参与度和娱乐性。

趣味直播不仅能够提供观众们的娱乐消遣，还可以成为品牌推广和产品销售的有效手段（图3.5-3）。通过创造趣味性的内容，吸引观众的关注和参与，进而引导观众了解和购买相关产品或服务。这种直播形式既满足了观众的娱乐需求，又为品牌和商家带来了宣传推广的机会，实现了娱乐与商业的双赢。

图 3.5-3　趣味直播

（二）有奖回答或抽奖环节

互动推广中的有奖回答或抽奖环节是一种常见的策略，用于吸引观众的参与和增加直播的互动性。在这个环节中，主播会提出问题或进行抽奖活动，并为参与的观众提供奖品或福利作为回馈。

有奖回答环节通常是主播提出问题，观众通过发送弹幕、评论或其他方式回答问题，并在规定时间内给出正确答案的参与者有机会赢得奖品。这种形式可以激发观众的积极性，增加他们对直播的关注和参与度。同时，主播可以利用这个环节增加与观众的互动，回答观众的问题，与他们进行交流，进一步加强观众与直播间的连接。

抽奖环节是另一种常见的互动推广方式，主播会设立抽奖规则，观众可以通过参与互动、完成任务或满足特定条件来获得抽奖资格。在抽奖环节中，主播会随机抽取幸运观众，赠送奖品或福利给他们。这种方式可以创造期待感和紧张感，吸引观众积极参与，并增加他们对直播的关注度。

有奖回答或抽奖环节在互动推广中起到了促进观众参与和提高直播互动性的作用。通过赠送奖品、福利等方式，吸引观众的兴趣和参与，同时也为品牌或商家提供了机会，增加品牌曝光、推广产品的机会，并与观众建立更紧密的联系。

（三）限时秒杀

限时秒杀是一种促销活动策略，它通过设定特定时间段内的限时优惠，让消费者在短时间内以更低的价格购买产品或享受特殊优惠。

在限时秒杀活动中，商家通常选择热门产品或畅销商品，设定一个较低的价格或提供其他吸引人的优惠条件。活动时间限定，消费者只能在特定时间段内参与购买，通常时间较短，如几小时或一天。

限时秒杀活动常常制造一种紧迫感和刺激感，消费者需要迅速做出决策，抓住机会购买心仪的产品。这种策略可以刺激消费者的购买欲望，促进销售量的增长，并增加品牌或商家的曝光度。限时秒杀活动在电商平台、线下商店或直播平台等各种销售渠道中广泛应用。它可以帮助商家提升销售额、增加用户黏性，并在短时间内创造较高的销售峰值。

三、转化聚流

（一）提升获客技巧，提高转化率

转化率是衡量直播转化效果的重要指标，付费流和自然流都是影响直播转化率的因素。自然流转化率是指除有偿流外的自然流量在观看直播后的购买转化率，因此是评价直播质量的重要指标。在直播过程中，可以通过观察自然流转化率来衡量直播效果，根据反馈结果进行及时调整和优化。为了提高直播间的转化率，主播可以进行直播复盘，对每一场直播进行人、货、场的分析和总结（图3.5-4）。通过提升获客技巧提高转化率的方法如下：

① 人是直播间的核心要素，包括主播、助理和客服。主播扮演着重要角色，需要具备出色的表达能力、吸引人的个人魅力以及专业的知识和技能。他们在直播过程中运用适当的话术、产品解说词和控场能力，以吸引观众的兴趣。同时，主播应对目标受众给予关注，善于处理突发事件，确保直播顺利进行。助理在直播中负责商品的上架和下架处理，并积极与主播合作，共同提升直播的效果。在直播开始前，进行充分的预热工作，有效控制直播间的流量，吸引更多观众参与。此外，客服人员在后台积极回应粉丝提问，提供满意的解答和支持。他们的团结协作共同构建一个成功的直播环境，提升转化率。

图 3.5-4　人　　　　　　　　　图 3.5-5　货　　　　　　　　　图 3.5-6　场

②货指的是直播间所展示和推广的商品或服务。直播间可以被看作是一个虚拟的购物场所，主播通过展示商品、介绍产品特点以及提供购买链接等方式来促成销售。在选择直播间的货品时，需要考虑观众的需求和兴趣，确保商品具有吸引力和竞争力。在进行货品复盘时，需要遵循逻辑合理性的要求，合理地分配不同类型的产品，如引流款、主销款等。同时，需要有效地提取核心卖点，确保直播间展示的产品符合美观化的要求。通过精心选择和展示货品，可以增加观众的购买欲望，提升直播间的销售效果。

③场指的是直播间的环境和氛围。直播间的场景布置、视觉效果以及音效等因素对观众产生影响，创造出良好的观看体验和购物氛围。直播间的场景设计应与所展示的产品或品牌形象相匹配，以营造吸引人的视觉效果，提升观众的参与度和购买欲望。在进行场景复盘时，相较于其他复盘模式，关注重点主要集中在直播间的环境设置、灯光效果、产品陈列等方面。通过精心设计和布置场景，可以增强观众的感官体验，提升直播间的吸引力和购物效果。

（二）转化聚流的技巧

聚流营销是一种系统性的营销策略，通过利用一些工具简化操作流程，提高效率促进销售。常用的工具包括企业微信激活码、批量拉群工具、批量添加好友、集赞、小任务等。尽管实施聚流营销可能会有一些繁琐的步骤，但遵循基础销售活动的基本逻辑可以获得客户的信任和满意。

在实施聚流营销策略时，需要遵循基础销售活动的基本逻辑，如热情礼貌地打招呼、表达关心、耐心诚恳地介绍商品、使用礼貌用语等，以获得客户的信任和满意。此外，还需要进行客户运营、活动推广、后期的客户管理等系统性的策划，使得营销活动有节奏地开展，并获得忠诚的种子用户，从而实现基础销售规模的扩大。

转化聚流的技巧（图 3.5-7）：

①学习私域获客技巧：在推广活动开始前，学习各种私域获客技巧非常重要。可以通过好友推荐、红包、抽奖、盲盒、集卡、任务、趣味测试、分享、社群等多种方式吸引客户。同时，通过积累人气吸引新用户也是有效的方法。

②客户管理的重要性：客户管理是关键环节，及时了解客户的真实信息，包括客户信息、标签管理、流失提醒、客户群管理等。建立信任并刺激他们的需求是吸引客户的关键。

③注重直播内容创新和质量：在直播过程中，要注重内容的创新和质量，只有这样才能留住粉丝，实现公司的长期发展。

图 3.5-7 转化聚流技巧

④ 与粉丝保持沟通：与粉丝保持良好的沟通可以促进交易的实现，建立更稳固的关系。

⑤ 选择与新媒体平台合作：可以选择与新媒体平台进行合作，例如服装类别可以与服装直播平台合作，利用它们的推广能力来引流，提高直播的收看次数。

⑥ 通过采取这些转化聚流的技巧，可以提高推广活动的效果，吸引更多的客户并促成交易。

本章节的任务实施、任务评价、知识题库内容扫描二维码在线阅读、练习

任务 3.6 直播宣传造势

【思维导图】

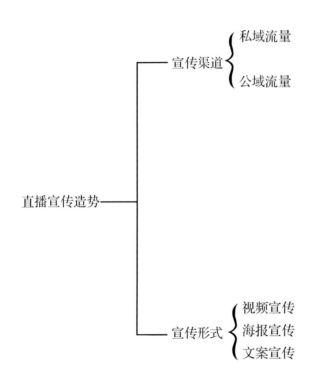

【任务导入】

4 月 16 日，服装品牌店线上直播要进行前期宣传活动，活动前主播小梦、助播小玲和运营小吴要根据本次直播专场活动情况完成本次服装品牌店线上直播前期的宣传造势。并完成活动中的宣传渠道选择、宣传形式。

（一）知识目标

了解直播宣传造势的宣传渠道选择、宣传形式选择的应用，并能掌握宣传造势的宣传渠道选择、宣传形式的操作技巧。

（二）技能目标

能识别直播宣传造势的类别，并熟悉宣传渠道选择、宣传形式的实操。

（三）素质目标

通过直播宣传造势的实操，培养敬业爱岗的职业素养和创新意识。

【知识学习】

直播宣传造势常用于新开店铺和新品服装到店后的宣传。完美的直播宣传造势能吸引消费者的目光，促进产品的销售。直播宣传造势通常包括宣传渠道选择、宣传形式选择等。

一、宣传渠道

（一）私域流量

私域流量是指企业在自身平台上拥有的用户资源，这些用户资源包括但不限于粉丝、会员、订阅者等，是企业可以直接接触和管辖的用户群体。相比于公域流量，私域流量更具有价值，因为企业可以通过私域流量更好地了解用户需求，从而提供个性化服务，提高用户满意度和转化率。同时，私域流量也是企业实现品牌传播、营销推广的重要渠道之一。

1. 私域流量的种类

① 微信、支付宝等用户群体。

② 微博、头条号、博客等平台账号内容可发布区域。

③ 抖音、快手等自媒体。

2. 私域流量对于企业的价值

① 跟客户建立感情，防止客户流失。

② 直接降低营销成本，相较于过去可以直接接触到用户。

③ 增强口碑，塑造品牌。

3. 竞争程度

私域流量竞争程度取决于企业自身在私域流量上所做的努力和投入，以及所在行业的竞争情况。在服装行业中，各企业对私域流量的重视程度较高，竞争也就相对激烈，每个企业要想获得和保持更多私域流量，就要投入更多的资源和精力。同时，私域流量的获取和管理相对容易，竞争程度较低。因此，需要对自身所在的服装行业进行分析，制定合理的私域流量获取和管理策略，以提高私域流量的转化率。

4. 留存度

私域流量的留存度是指企业在私域平台上维持用户的长期性和忠诚度的能力。较高的私域流量留存度可以带来更高的用户转化率和品牌忠诚度。私域流量留存度的大小受到多种因素的影响，包括但不限于企业对用户的关注和服务、平台的用户体验、内容质量等。企业需要通过合理的策略和措施来提高私域流量留存度，例如优化用户体验、提供个性化服务、定期推送优质内容等。

5. 运营方向

私域流量运营方向需要针对企业的具体情况进行制定，但一般包括以下方面：

① 用户关系管理：企业需要建立完善的用户关系管理体系，维护和优化与用户的关系，提高用户满意度和忠诚度。

② 内容生产：企业需要根据自身的特点和用户需求，生产和推送有价值的内容，提高用户黏性和留存度。

③ 个性化服务：企业需要根据用户的需求和偏好，提供个性化的服务和推荐，增强用户的体验和忠诚度。

④ 营销推广：企业需要制定合理的营销策略和推广计划，吸引更多的潜在用户和提高品牌知名度。

⑤ 数据分析与优化：企业需要对私域流量进行数据分析，不断优化和调整运营策略，提高用户转化率和留存度。

私域流量转化方式可以根据企业自身情况和目标用户的需求来选择，以下是一些常见的私域流量转化方式：

① 会员营销：通过会员权益、积分、优惠券等方式，吸引用户成为会员并提高用户消费频次和金额。

② 个性化营销：根据用户的行为和偏好，提供个性化的服务和推荐，提高用户转化率。

③ 社交营销：通过社交媒体、微信公众号等平台，与用户互动和交流，提高用户忠诚度和转化率。

④ 品牌营销：通过品牌形象和口碑吸引用户，提高品牌知名度和用户转化率。

⑤ 客户关怀：通过定期关怀、问卷调查等方式，了解用户需求和反馈，提高用户满意度和留存度。企业需要根据自身情况和目标用户的需求，选择合适的私域流量转化方式，并不断优化和调整策略，提高转化率和用户留存度。

（二）公域流量

公域流量是指企业可以在互联网上通过各种渠道获取的流量，包括但不限于搜索引擎、社交媒体、短视频平台、内容分发平台等。相比于私域流量，公域流量的潜在用户更为广泛，但企业对公域流量的掌控程度和精准度较低，需要企业通过不同的营销手段和策略，吸引和转化潜在用户，提高品牌知名度和用户转化率。

1. 公域流量的分类

① 付费流量渠道，例如抖音、腾讯、腾讯视频和优酷等。

② 涉及大众基本唯一流量渠道，例如汽车之家和美食天下等。

③ 线下流量入口，例如人流量较大的地区。

2. 公域流量的价值

公域流量对企业来说具有重要的价值。通过借鉴和吸收公共领域的知识与经验，企业可以更好地开展业务、推出新产品和服务，并提高效率和竞争力。企业在推信息时要注意提高文章的质量和可信度，打磨文字以符合学术风格，要注意文章的拼写、语法、清晰度、简洁性和整体可读性，让读者更易理解文章的内容。

3. 竞争程度

公共领域流量竞争激烈，例如抖音和拼多多，同一类型产品可能有上百个同行竞争。以抖音为例，因其流量大、用户多、关注度高，所以同一类型产品在抖音平台上的竞争非常激烈。此外，拼多多也是一个类似的例子，因为其用户数量庞大、销售额高，同类产品在该平台上的竞争激烈。

4. 留存度

公共领域流量的留存度较低，因为用户可选择的流量比较多，所以用户难以留存，客户很容易流失。例如，一些电商平台的公共领域流量中，由于价格、质量等因素的差异，用户很容易跳槽，从一个平台转移到另一个平台。另外，由于用户数量庞大，公共领域流量中的用户也更容易受到其他因素的干扰，例如广告、推荐等，从而导致客户流失。

5. 运营方向

公共领域流量的运营方向应该是尽可能地扩大粉丝基数。因为公共领域流量中的用户数量庞大，如果企业能够吸引更多的用户成为自己的粉丝，就能获得更多的品牌曝光机会，并在竞争中占据更有利的位置。例如，在社交媒体平台上，企业可以开展各种有趣的活动，吸引更多的用户成为自己的粉丝；在电商平台上，企业可以通过推出优惠促销、增加产品种类等方式，吸引更多的用户购买自己的产品，从而增加粉丝数量。

6. 转化方式

公共领域流量的转化方式通常依赖于广告推广。企业需要投入一定的资金，通过各种广告方式向潜在用户推广自己的品牌和产品，从而吸引用户前来购买或使用。具体来说，可以采用多种广告方式，例如在社交媒体平台上投放广告、在搜索引擎上进行搜索广告、在第三方网站上进行展示广告等。此外，也可以通过优化自己的产品和服务，提高用户体验和口碑来吸引更多的用户。例如，在电商平台上，企业可以优化自己的产品页面，提供更多的商品信息和图片，增加用户对产品的了解和信任感，从而提高转化率。

二、宣传形式

（一）视频宣传（图 3.6-1）

常见的视频宣传形式有以下几点。

1. 以小见大

以服装产品的宣传为例，将一个小的纽扣、花纹或锁边，用较为灵活或无限想象力的方式，更充分地描述产品的内容及特点，给消费者无限想象的空间。

2. 借用比喻

借用比喻可以解决一些很难表述的问题，所以在做宣传片创意的时候可以想想是否可以借用比喻解决问题。

3. 开门见山，展示优势

此方法较为直截了当，直接展示我们的优势，表现形式干净利落。

4. 合理夸张

在创意的时候，偶尔天马行空会有帮助。夸张更能吸引顾客的注意，借助想象，加深对宣传的记忆。

5. 用对比形成反差

我们在宣传片中的产品，采用鲜明的对照和对比中来表现，借彼显此，互比互衬，形成反差，突出我们要体现的点。给消费者直接深刻的视觉感受。

6. 幽默

这里的幽默只是一种表现手法，是用幽默的手法，使消费者自然而然记住我们的宣传。

7. 制造悬念

对联都有上下联，看了上联就想知道下联，这都是人的思维定式，也是一种保留好奇悬念的宣传形式，使消费者迫切想知道我们的产品，也能间接性地促进消费。

图 3.6-1　视频宣传

（二）海报宣传（图3.6-2）

海报是广告的重要组成部分，对于即将发生的事件，如即将上映的电影、一张专辑的首发，或一个就职仪式，都需要一个美丽的海报，以吸引人们的关注。推荐的海报设计的表现形式如下：

1.店内海报

店内海报要注意与店内装饰、色调协调统一，这样才能更好地体现出海报的使用价值。

2.招商海报

招商海报最主要的是要明确主题，不可过于花哨，文案要简单明了。

3.展览海报

展览海报主要用于各种场所的宣传，常分布于公园街道、车站、街道等公共场所，有传播信息的作用，艺术感染力强，效果突出。

4.平面海报

平面海报设计发挥的空间大，而且制作成本低，观赏力强。

图 3.6-2　海报宣传

（三）文案宣传

文案主要分为策划文案和创意文案两大类。

1. 策划文案

策划文案是指在品牌或者企业进行市场营销活动时，根据活动的目标、受众、策略等因素，制定出有效的文字和图像组合，达到吸引目标受众、提升品牌知名度和影响力的效果。策划文案需要深入了解目标受众的需求和心理，以及市场竞争环境，以此制定出符合目标受众需求、有创意、有吸引力、有营销价值的文案策略。例如，一家服装品牌冬季推广活动的策划文案可以这样写："寒冷的冬天，我们为您准备了最温暖的衣服，让您在寒冷的季节中依然保持时尚与温暖。" 这个文案针对的是冬季的穿衣需求，突出了品牌的温暖特点，同时也强调了品牌的时尚性，让消费者在购买时既能够得到保暖，又能够体现自己的时尚品味。策划文案需要注意减少冗余、重复和无意义的文字，同时保持语言简洁明了。

策划文案的写作方法：

① 深入了解目标受众：在写作策划文案之前，需要深入了解目标受众的需求、兴趣和心理，以及市场竞争情况，为写作提供创意和思路。

② 突出品牌特色和优势：策划文案需要突出品牌的特色和优势，让消费者记住品牌并愿意购买。

③ 制定营销策略：根据目标受众和市场竞争情况，制定出符合实际情况的营销策略，选择合适的语言方式来表达。

例如，一家服装品牌的策划文案可以这样写："本季度最新款式，为您带来独特的时尚体验。穿上我们的服装，您将成为人群中最引人注目的那个人。" 这个文案突出了品牌的新款式和时尚特点，同时也符合消费者的需求，让消费者产生购买欲望。

2. 创意文案

创意文案是指在广告、市场营销等领域中，通过独特、有趣、具有想象力的语言表达来吸引目标客户的注意力和兴趣，并促进消费行为的发生。服装品牌的创意文案需要体现品牌的特色和风格，同时引起消费者的共鸣和情感反应。

创意文案的写作方法：

① 突出品牌特色和优势：创意文案的目的是让消费者记住品牌，因此需要在文案中突出品牌的特色和优势，让消费者记住该品牌并愿意购买本品牌产品。

② 突出产品特点和优势：在创意文案中，需要根据产品的特点和优势，选择合适的语言方式来描述，让消费者感受到产品的独特性和价值。

③ 突出消费者需求和心理：创意文案的目的是要吸引消费者，因此需要从消费者的需求和心理入手，选择合适的语言方式来引起共鸣，让消费者有购买的欲望和动力。

例如，一家服装品牌的创意文案可以这样写："穿上我们的服装，释放您内心的自信，成为最耀眼的那个人。" 这个文案突出了品牌的特点——让人们更加自信，同时也突出了产品的特点——能够让人们更加耀眼。另外，该文案还突出了消费者的心理需求——希望更加自信和耀眼，让人产生共鸣，从而提高销售转化率。

本章节的任务实施、任务评价、知识题库内容扫描二维码在线阅读、练习

任务 3.7　服装现场直播

【思维导图】

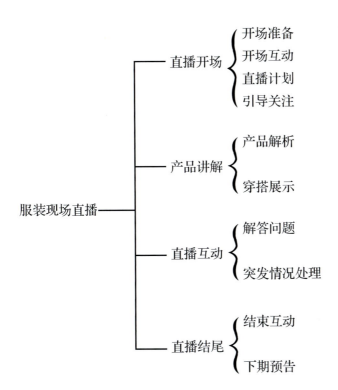

服装现场直播
- 直播开场
  - 开场准备
  - 开场互动
  - 直播计划
  - 引导关注
- 产品讲解
  - 产品解析
  - 穿搭展示
- 直播互动
  - 解答问题
  - 突发情况处理
- 直播结尾
  - 结束互动
  - 下期预告

【任务导入】

6 月 18 日，某服装品牌通过网络进行线上直播，主持人小梦、助理主持人小玲和运营人员小吴根据当日的"6·18"直播专场活动要求，顺利完成了服装品牌店的线上直播。在直播前，小梦和小玲必须了解全场脚本，准备好开场白、产品讲解、直播互动和结尾等规范的现场直播环节操作。

（一）知识目标

了解现场直播的环节、开场准备、穿搭展示以及福利发放等环节，并能掌握开场直播、产品讲解、直播互动、直播结尾的技巧。

（二）技能目标

能处理直播突发状况，并熟悉直播开场、产品讲解、直播互动、直播结尾的规范操作。

（三）素质目标

通过现场直播的实操，培养敬业爱岗的职业素养和直播规范操作的工作精神。

【知识学习】

服装直播目前已经成为一个新的潮流趋势，如抖音直播、淘宝直播等。目前，直播行业不仅适用于社交娱乐，而且也成为一个行业。积极、向上的直播能吸引消费者的目光，促进产品的销售。现场直播过程通常包括直播开场、产品讲解、直播互动、直播结尾等。

一、直播开场

（一）开场准备

直播准备主要是直播间的直播设备的准备、背景墙、直播间的布置及试镜等。

1. 直播设备

直播设备主要有两部手机、手机支架、补光灯、电脑、麦克风等基础设施（图3.7-1～图3.7-5）。

2. 直播间背景墙

直播间背景墙是直播营销中的一个重要组成部分，精心的设计和布置可以增强品牌形象，吸引消费者的注意力，提高直播销售的效果。例如，一家服装品牌在直播间背景墙上展示了其品牌LOGO、最新款式、品牌文化等内容，以此吸引消费者的注意力，提高品牌知名度和影响力。同时，直播间背景墙的设计和布置还需要考虑到品牌特色和目标受众的需求。例如，如果品牌的定位是年轻和时尚的，可以选择明亮的色彩和现代感强的设计风格，以此吸引更多的消费者（图3.7-6）。

图 3.7-1 两部手机

图 3.7-2 手机支架

图 3.7-3 补光灯

图 3.7-4 电脑

图 3.7-5 麦克风

图 3.7-6 直播间背景墙

3. 直播间布置

直播间的布置对于直播营销来说非常重要，因为一个好的直播间布置可以吸引消费者的注意力，增强品牌形象，提高直播销售效果。例如，服装品牌可以在直播间内放置一些服装展示架，展示最新款式和热卖商品，同时搭配一些鲜花、装饰品等，增强直播间的美感和品牌形象。此外，还可以在直播间内放置一些舒适的沙发和茶几，使消费者在观看直播时感到更加舒适和放松。当然，直播间的布置需要根据品牌的定位和目标受众的需求来设计和调整，以达到最佳的直播效果。

4. 试镜

直播试镜是直播营销中的一个重要环节，通过试镜可以让主播和直播间的氛围更加生动有趣，同时也可以提高直播的质量和效果。例如，服装品牌在试镜环节可以邀请专业的模特进行服装秀，展示品牌最新的服装款式，吸引消费者的关注度和购买欲望。此外，在试镜环节也可以让主播展示自己的主持能力和沟通能力，更好地吸引和保留消费者的关注度。当然，直播试镜环节的设计需要与品牌的定位和目标受众的需求相匹配，以达到最佳的直播效果。

（二）开场互动

服装直播开场互动是一种通过直播平台展示服装、吸引粉丝并推广商品的营销方式。在开场互动中，主持人需要与观众进行互动，以吸引观众的注意力和兴趣，提高直播的互动性和观看率。

开场互动 1：直接进入主题，介绍本场直播的计划。

欢迎大家来到今天的直播间，我是主持人 XXX。今天我们为大家带来了最新的服装款式，希望大家能够喜欢。在接下来的直播中，我们将会有各种有趣的互动，包括问答环节、抽奖环节等。同时，如果大家在直播过程中有任何的问题或建议，也可以通过弹幕或评论区告诉我们，我们会尽快回复。让我们开始今天的直播吧！

开场互动 2：开场进行粉丝问好、主播自我介绍、助播介绍、本次直播计划的预告、福利发放预告、引导关注主播。

大家好，欢迎来到今天的直播间！我是主播 XXX，很高兴能够和大家见面。首先向大家问好，感谢大家一直以来的支持和关注。

在今天的直播中，我们也有幸邀请到了一位优秀的助播，他 / 她将会在直播中为我们提供更多的帮助。请大家欢迎 XXX 上台，和我们一起度过这个愉快的直播过程！

接下来，我想要给大家介绍一下我们今天的直播计划。今天，我们将会为大家展示最新的服装款式，并且为大家带来一系列的互动环节。同时，我们还准备了丰富的福利，包括抽奖、红包等，希望大家能够喜欢。

最后，如果大家对本次直播有任何的想法或建议，或者想要了解更多有关我们的信息，都可以通过评论区留言或者私信我们，我们会尽快回复。同时，如果您喜欢我们的直播，请别忘了关注我们的主播，并分享给您的好友，让更多的人了解我们。谢谢大家！

为了让直播达到超高人气，需要想方设法吸引观众来到直播间，并在开场中留住他们。直播的收益很大程度上取决于观众的停留率，因此开场的互动至关重要，它决定着观众是离开还是留下，所以大家可以用下面几种方法进行开场互动：

①游戏互动：刚开场时可能直播间的观众们不是特别多，这时候主播可以和留在直播间的观众们做个小游戏，拉近和粉丝们的距离。

②抽奖互动：设置一个时间段让新进直播间的粉丝们有个抽奖的期待，引导他们留在直播间。

③讲故事互动：主播可以在直播间和粉丝们分享近期的一些生活小事情（必须是积极向上的哦），这些事可能有些粉丝也经历过，以便更好地进行本次直播的暖场。

（三）直播计划

直播计划是指在直播过程中通过不同的环节和互动，向观众展示和推广特定的内容或产品。直播计划通常包括开场仪式、主题内容的介绍、互动环节、福利发放等多个方面，旨在提升直播的观看率和互动性，同时吸引更多的观众关注和参与（图3.7-7）。

GXG服装活动直播脚本

直播概要			
直播主题	2021GXG服装品牌6.17年中大促活动		
直播日期	x年.x月.x日 xx:xx	直播平台	抖音/快手/xx平台
主播简介	昵称、个人简介	工作人员	总监管、场控、运营、客服、水军
直播产品	李宁、安踏、回力、美特斯邦威		
推荐顺序	根据服装品牌热度、价格高低、穿搭先后顺序		
直播内容			
场外准备	发布预告、宣传造势、人员分配、检查设备、梳理产品		
开场预热	开场介绍、才艺展示、互动		
服装品牌介绍	介绍服装品牌、使用话术引导粉丝关注		
直播活动规则	活动整体流程、优惠福利规则		
服装讲解	全方位介绍，使顾客产生购买动机		
搭配试穿	搭配分享、试穿产品并进行评价		
观众互动	解答观众疑问、分享经验		
抽奖优惠	直播过程中进行抽奖、红包、满减活动		
结束总结	结束语感谢顾客、引导关注、下场预告		
复盘归纳	总结整场直播活动、发现问题并及时修改脚本、巩固完善		

图3.7-7　直播计划

在直播计划中，开场仪式是非常重要的一部分，它不仅可以吸引观众的注意力和兴趣，还可以为后续的内容展示和互动环节做好铺垫。同时，主题内容的介绍也需要充分考虑观众的需求和兴趣，以便更好地引导观众参与互动。在互动环节中，可以设置问答环节、抽奖环节、互动游戏等多种形式，以增加观众的参与度和互动性。最后，福利发放也是直播计划中不可或缺的一部分，可以通过红包、礼物等方式，为观众提供更好的观看体验和回馈。

一个成功的直播计划需要充分考虑观众的需求和兴趣，以及直播的特点和风格，通过多种环节和互动，为观众带来更好的观看体验和回馈，从而提高直播的互动性和观看率。

（四）引导关注

服装直播是一种非常有效的推广方式，但是要想吸引更多的观众关注，需要在直播中采用一些巧妙的引导手段。具体可以从以下几个方面入手：

① 引导观众关注：在直播开始前，可以通过社交媒体、微信群等方式，提前预告直播内容，并邀请观众关注和参与。在直播过程中，可以通过问答、抽奖等互动形式，吸引观众的注意力和参与度。

② 突出特点和优势：在直播中，可以通过展示、介绍、搭配等方式，突出服装款式的特点和优势，并且展示不同场合和场景的搭配效果。这样不仅能够吸引观众的注意力，也可以帮助观众更好地了解和购买服装。

③ 提供福利和优惠：在直播过程中，可以设置一些福利和优惠，如红包、礼物、优惠券等，以吸引观众的关注和购买。同时，也可以通过限时特价、折扣等方式，提高观众的购买欲望。

④ 持续推广和宣传：在直播结束后，可以通过回放、社交媒体等方式，持续推广和宣传直播内容和品牌形象。也可以通过观众反馈和建议，不断改进和优化直播内容，吸引更多的观众关注和参与。

例如，可以这样引导观众关注：大家好，欢迎来到今天的服装直播间！在接下来的直播中，我们将会为大家展示最新款式的服装，并且分享一些搭配技巧和流行趋势。如果您喜欢我们的直播内容，可以在本直播间关注我们，以便及时了解我们的最新直播和优惠活动。同时，我们还将会在本直播间设置问答、抽奖等互动环节，为观众提供更好的观看体验和回馈。希望大家能够积极参与和关注，不要错过我们的精彩内容！

引导新进直播间的粉丝关注是服装直播中的重要环节，以下是一些常见的话术案例：

① 首先，感谢大家来到我们的直播间！如果您喜欢我们的直播内容，请点击右上角的关注按钮，以便及时了解我们的最新动态和优惠活动。

② 如果您觉得我们的直播内容有价值，请不要忘记点击关注按钮，我们会不断更新和改进直播内容，让您的观看体验更加优质。

③ 在我们的直播间，您可以看到最新的服装款式和搭配技巧，还可以参与我们的互动环节，赢取各种福利和惊喜。如果您希望不错过我们的每一期直播，请务必点击关注按钮，并邀请您的朋友们一起关注我们。

④ 感谢大家对我们直播活动的支持！如果您觉得我们的直播内容对您有帮助，请点击关注按钮，以便您及时了解我们的最新动态和优惠活动。同时，我们也会不断改进和优化直播内容，希望能够为每一位观众提供更好的观看体验。

⑤ 欢迎观众来到主播的直播间，记得加入主播粉丝团，为主播点个关注哦！

⑥ 欢迎 XX 观众来到主播的直播间，点个关注不会迷路哦。

⑦ 大家晚上好，你们的 XX 可爱又回来了，喜欢我的朋友们请动动你们的小手，点击我的头像点点关注，这样就可以随时随地来看我的直播啦！主播每天在这里等你哦！

二、产品讲解

产品讲解在直播中扮演着重要的角色，它不仅能够促进直播销售量和提高顾客的购买力，而且能够加强主播在粉丝心中的地位以及产品在粉丝心中的认可程度。此外，产品讲解还可以作为主播和粉丝之间的沟通桥梁，促进共同话题的交流。最后，通过清晰明确地展示产品与其他竞品之间的差异，可以有效地引导粉丝下单。产品讲解应注重以下几点：

① 树立品牌形象。

② 帮助粉丝选产品。

③ 和粉丝建立良好的关系。

④ 了解我们的产品与竞选产品的区别。

⑤ 了解粉丝的真实需求。

⑥ 解决粉丝的困惑和让具有选择困难症的粉丝们做出选择。

（一）产品解析

在服装直播中，产品解析是非常重要的环节。通过对产品的详细解析，可以让粉丝更好地了解产品的款式、材质、尺码和搭配等方面的信息，从而增加粉丝对产品的认可度和购买欲望。产品解析的最终目的是提升产品的销售量。直播产品解析的九个基本环节（以服装为例）：

1. 需求引导

联想产品在生活中有哪些适用的场景，并生动地描述出来，以与粉丝产生共鸣。

基本内容（参考）：

① 女朋友好久没买新衣服了，自己给她一个惊喜吧。

② 夏天到了，该换短袖了。

③ 这件衣服款式漂亮，宽松透气。

2. 产品简况

分步骤描述布料、规格尺寸、色彩、触感、美感以及穿上时的感觉和效果等基本内容。

以衬衫的直播为例。首先，讲解衬衫的款式和设计，包括领型、袖型、扣子、口袋等细节，让粉丝对衬衫的整体外观有一个初步的了解。其次，介绍衬衫的材质和质量，包括面料的成分、手感、透气性、舒适度等方面的信息，让粉丝对衬衫的品质有一个直观的感受。再次，讲解衬衫的尺码和搭配建议，包括不同尺码的适合人群和如何搭配其他服饰，让粉丝能够更好地了解衬衫的实际穿着效果。最后，可以通过与其他竞品的对比，清晰明确地展示出该款衬衫的产品特点和优势，进一步提高粉丝对该款衬衫的认可度和购买欲望。

3. 店铺详情

一个良好的服装直播店铺详情介绍应该突出店铺的品牌特色和卖点，应有清晰明确的商品分类和详细的商品信息以及优质的客服服务。这些因素相互配合，能够吸引更多的顾客，提高销售量，加强店铺的品牌认可度和顾客满意度。

4. 用户评价

用户评价是直播销售中非常重要的一环，它不仅能够展现出产品的真实效果和质量，还能够增强顾客对产品的信任度和认可度，从而提高购买意愿。以下是一个服装直播产品解析，举例说明用户评价的方式。在直播中展示一款连衣裙时，可以引用一些用户的实际评价，如"这款连衣裙面料柔软，穿着自然和舒适，非常适合夏季穿着"。这些用户评价不仅能够增强顾客对产品的信任度和认可度，还能够让顾客更好地了解产品的实际效果和穿着感受。另外，还可以引用一些专业的评测机构或专家的评价，如"这款连衣裙的面料选用了柔软舒适的纯棉，裙摆线条流畅，穿着效果非常优美"。这些专业评价不仅能够增强顾客对产品的信任度和认可度，还能够让顾客更好地了解产品的设计和制作工艺。

综上所述，用户评价是直播销售中非常重要的一环，它能够增强顾客对产品的信任度和认可度，提高购买意愿。

5. 直播优惠

直播优惠是促进直播销售的重要手段之一。以下是一个服装直播产品解析，举例说明直播优惠的方式。在直播中展示一款连衣裙时，可以引用直播优惠的方式，如"今天特别优惠，只要在直播时间内购买，即可享受 XX 折优惠"。这样的直播优惠能够吸引顾客的注意力，促进顾客的购买意愿。此外，还可以引用一些其他的直播优惠方式，如"今天购买这款连衣裙还能够获得一张 XX 元的优惠券，可在下次购买时使用"。这样的直播优惠不仅能够促进当天的销售，还能够激发顾客的二次购买意愿和忠诚度。

综上所述，直播优惠是促进直播销售的重要手段之一，它能够吸引顾客的注意力，促进顾客的购买意愿，并激发顾客的二次购买意愿和忠诚度。通过引用不同的直播优惠方式，能够让顾客更好地了解产品的实际价值和优势，从而促进直播销售的成功。

6. 限时限量

限时限量是促进直播销售的一种常用策略，它能够创造紧迫感和稀缺性，促进顾客的购买意愿和行动力。以下是一个服装直播产品解析，举例说明限时限量的方式。例如，在直播中展示一款限时限量的连衣裙时，可以引用这样的描述："这款连衣裙采用了限量生产的方式，仅有 XX 件，而且只在直播时间内销售，错过了就没有了哦。"这样的描述能够创造出紧迫感和稀缺性，促进顾客的购买意愿和行动力。此外，还可以引用一些其他的限时限量策略，例如，"今天购买这款连衣裙还能够获得一个限时优惠码，可在 XX 时间内使用"。这样的策略能够激发顾客的购买欲望，从而促进当天的销售。

综上所述，限时限量是促进直播销售的一种常用策略，它能够创造紧迫感和稀缺性，促进顾客的购买意愿和行动力。通过引用不同的限时限量策略，能够让顾客更好地了解产品的实际价值和优势，从而促进直播销售的成功。

（二）穿搭展示

服装直播产品的穿搭展示是直播销售中非常重要的一环，它能够让顾客更好地了解产品的搭配效果和穿着感受，从而促进购买决策。以下举例说明服装直播产品穿搭展示的方式。例如，在直播中展示一款连衣裙时，可以搭配一双高跟鞋和一款手提包，然后进行穿搭展示，并且配上一些实际的演示，如"这款连衣裙非常适合搭配这款高跟鞋和手提包，它们可以让你在各种场合中都散发出优美的气质和自信"。这样的穿搭展示能够让顾客更好地了解产品的搭配效果和穿着感受，从而促进购买决策。此外，还可以引用一些其他的穿搭技巧和建议，如："如果你想让这款连衣裙更加活泼和时尚，可以搭配上一款短靴和一件牛仔外套。"这样的穿搭建议能够让顾客更好地了解产品的搭配技巧和多样性，从而提高购买意愿。

综上所述，服装直播产品的穿搭展示是促进直播销售的一种重要手段，它能够让顾客更好地了解产品的搭配效果和穿着感受，从而促进购买决策。通过引用不同的穿搭技巧和建议，能够让顾客更好地了解产品的搭配多样性和实用性，从而提高购买意愿（图 3.7-8 ~ 图 3.7-12）。

图 3.7-8　夏季服装搭配

图 3.7-9　冬季服装搭配

图 3.7-10　耳饰搭配

图 3.7-11　首饰搭配

图 3.7-12　包包搭配

三、直播互动

直播互动是直播销售中非常重要的一环，它可以增强直播的参与感和互动性，提高观众的黏性和忠诚度。主播在直播互动过程中需热情对待每位粉丝，并尽可能及时回答粉丝提出的问题。但面对问题较多时，助播可以与观众进行小规模的互动，如通过抽奖、发放优惠券等吸引观众的注意力和兴趣。在问答环节中，可以提出一些与产品相关的问题，如产品的材质、尺码等，以便让观众了解产品的相关信息并参与互动，从而增强直播的参与感和互动性。定时的互动形式不必过于昂贵，最重要的是通过互动带动粉丝的积极性，提高销售额。在直播中可能会发生突发情况，需要及时处理。

（一）解答问题

直播时解答问题成为直播中的关键所在，粉丝通过弹幕向主播提问，但是可能由于主播来不及回答某些粉丝的问题从而被取消关注，所以主播在开播前可以准备一些常见问题的回答方法。例如：

① 主播多高，多重？

对于这样的问题，可在主播身后的背景墙上贴上主播身高、体重的信息牌，也可以让助理在后台不定时打在屏幕上（图 3.7-13）。

② 主播不理人，不看我的问题？

当出现这种情况时，一定要先安抚粉丝的情绪。

③ 我 XX 高，XX 重，应该穿多大啊？

为了更好地回复粉丝，最好提前将尺码表上传至详情页，或者让粉丝报身高、体重，然后为他们提供一些合理的建议（表 3.7-1、表 3.7-2）。

表 3.7-1　为顾客提供购衣信息 1

尺码	1/XXS	2/XS	3/S	4/M	5/L	6/XL
身高(cm)	155	160	165	170	175	180
胸围(cm)	76	80	84	88	92	96
腰围(cm)	64	68	72	76	80	84

表 3.7-2　为顾客提供购衣信息 2

标准	国际	欧洲	美国	韩国	中国	胸围 (cm)	腰围 (cm)	肩宽 (cm)
尺	S	46	36	90~95	155/80A	82~85	72~75	42
码	M	48	38	95~100	160/84A	86~89	76~79	44
明	L	50	40	100~105	165/88A	90~93	80~84	46
细	XL	52	42	105~110	170/92A	94~97	85~88	48
	XXL	54	42	>110	175/96A	98~102	89~92	50
	XXXL	56	44		180/100A	103~107	93~96	52

（二）突发情况处理

无论多么完美的直播，都可能会出现一定概率的突发情况。

1.面对批评辱骂的处理方法：

当电商直播产品面对批评辱骂时，可以采取一些措施来化解冲突。首先，冷静应对，不要激化矛盾，避免情绪失控。其次，试图了解用户的意见和需求，并给予合理的回应和解释，以便化解矛盾和误解。在回应中，应该尽量客观、准确、详尽地解释问题，以便让用户了解卖家的立场和原则。如果情况比较严重，可以邀请第三方机构或专业人士进行调解和协商，以避免矛盾升级和影响品牌形象。最后，需要及时总结经验，吸取教训，改进服务质量和管理机制，以便提高用户满意度和品牌信誉度。总之，电商直播产品面对批评辱骂需要冷静应对，了解用户需求，采取多种措施化解矛盾，同时加强服务质量和管理机制，以提高用户满意度和品牌形象。

2.产品被恶意攻击的处理方法

当产品被恶意攻击时，需要采取一些措施来应对这种情况。首先，应该及时发现并记录攻击行为，收集相关证据，以备追究责任。其次，可以通过多种渠道发布清晰准确的信息，及时澄清不实言论，并且在直播中加强产品介绍，提供更多的产品信息，以便让观众了解产品的真实情况。此外，还可以利用社交媒体等渠道积极传播正面信息，树立品牌形象，提高公众的关注度和认可度。最后，可以通过法律手段来维护自身权益，如报警、起诉等。总之，电商直播产品被恶意攻击时，需要卖家及时采取多种措施应对，以维护品牌形象和用户权益。

3.流量低谷期的处理办法

服装直播常常会出现流量低谷期，此时也需要采取一些措施来应对。首先，可以在直播前做好充分的准备工作，包括提前宣传、邀请观众、准备好充足的商品库存等，选择适合自己的时间段，定时定点开播。其次，可以在直播中增加互动环节，吸引观众的注意力，提高直播的参与感和互动性，以此来增加流量。例如，在直播中可以设置问答环节、抽奖活动等，吸引观众积极参与。此外，还可以利用社交媒体、微信公众号等渠道进行宣传，引导观众前往直播间。最后，可以在流量低谷期采取一些促销手段，如打折、满减等，以此来刺激观众消费。总之，电商直播流量低谷期的处理需要综合运用多种策略，以提高流量和观众参与度，从而实现销售目标。

4.粉丝反映上架链接不合适的处理方法

在电商直播中，有时候会出现粉丝反映上架链接不合适的情况，这时需要采取一些措施来解决。首先，应该尽快发现问题，及时更正链接，避免对用户造成不良影响。其次，可以在直播中增加一些介绍商品的环节，让用户更好地了解商品信息，避免因为商品信息不全或不准确而引起的误解和不满。此外，还可以通过提高直播的专业性和质量，吸引更多的观众，提高用户满意度。最后，可以在直播后主动跟进用户反馈，及时解决问题，增强用户的信任感和忠诚度。总之，电商直播粉丝反映上架链接不合适的问题时，需要及时发现、及时解决，同时也需要提高直播的专业性和质量，以提高用户满意度和忠诚度。

四、直播结尾

电商服装直播结束语是在直播节目结束时，对观众进行总结和感谢的一段话。它可以回顾本期节目的亮点和收获，表达对观众的感激和期望，同时为下期节目做出预告和宣传，以提高观众对品牌和产品的认知度和关注度。

例如：

感谢大家观看本期服装直播节目，我们为大家带来了一系列优质服装和时尚搭配，希望能够满足您的购物需求和时尚追求。同时，我们还邀请了一些时尚达人和名人为大家分享穿衣技巧和流行趋势，帮助您更好地了解时尚界的最新动态和趋势。

（一）结束互动

掌握直播结尾的方法，可采用总结式、故事式、幽默式等方法。

① 总结式：本次直播时发现的一些新观点，新粉丝的欢迎，老铁粉丝的支持。

② 故事式：直播结束时可以讲一个有意味的故事，让粉丝们感觉意犹未尽，期待下次直播，也可以用本次结尾故事作为下次直播开场。

③ 幽默式：一场直播下来，主播的状态切换如果不是很多，在结束时可以用幽默搞怪的结尾方式带动大家支持和关注。

更多的结束方式还是要在大家的实践中探索挖掘。

（二）下期预告

服装直播下期预告对于电商平台非常重要，它可以吸引消费者的注意力，增加他们对品牌和产品的关注度和兴趣，从而提高销售和转化率。具体措施包括以下几点：

① 提前规划：在下期节目开始前，应该提前规划节目内容，了解目标受众的需求和喜好，选择适合的服装款式、配饰、造型等元素。

② 制作预告片：可以制作一段精美的预告片，包括节目主题、明星嘉宾、产品亮点、优惠活动等，以便吸引更多消费者的关注和期待。

③ 提供预约服务：可以为用户提供预约服务，让用户提前了解节目内容和时间，以便安排时间和购物计划。

④ 加强宣传推广：可以通过多种渠道宣传推广下期节目，包括社交媒体、广告投放、微信群等，以便扩大影响和提高关注度。

举例来说，下期服装直播节目将推出一系列时尚女装，包括连衣裙、T恤、卫衣等款式，采用高品质面料和精湛工艺，让您感受舒适、自信和时尚。此外，我们还将邀请一些时尚达人和名人为您介绍穿衣技巧和流行趋势，帮助您更好地了解时尚搭配和选购服装。同时，还将提供多种优惠活动和礼品赠送，让您的购物体验更加愉悦和满意。

本章节的任务实施、任务评价、知识题库内容扫描二维码在线阅读、练习

任务 3.8 服装直播复盘

【思维导图】

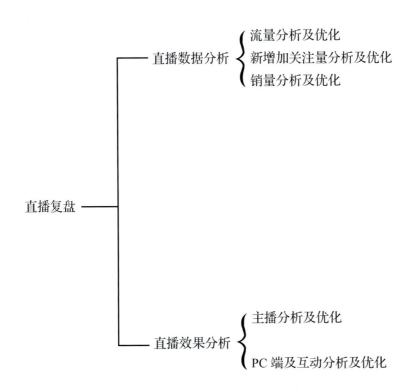

直播复盘
- 直播数据分析
  - 流量分析及优化
  - 新增加关注量分析及优化
  - 销量分析及优化
- 直播效果分析
  - 主播分析及优化
  - PC端及互动分析及优化

【任务导入】

6月18日，针对服装品牌GXG的线上直播活动进行了一次复盘。主播小梦、助播小玲和运营小吴根据该次"6·18"直播专场的情况完成了复盘工作。在开始复盘之前，小梦和小玲需要先了解本场直播的数据，并按照规范的流程进行直播数据分析和直播效果分析。

（一）知识目标

了解直播复盘的直播数据、直播效果的分析方式，并能掌握直播数据分析、直播效果分析的分析技巧。

（二）技能目标

能快速直播复盘，进行直播数据分析、直播效果分析规范操作的实操。

（三）素质目标

通过直播复盘的实操，培养敬业爱岗的职业素养和直播复盘规范操作的工作精神。

【知识学习】

许多新手主播经常会忽略直播结束后的复盘这个环节。实际上，复盘对于账号运营者和主播都至关重要。通过查缺补漏，可以避免发生不必要的情况，及早发现问题并优化每场直播，这对产品销售情况有着直观了解，帮助调整选品的策略也有一定的帮助。

一、直播数据分析

（一）流量分析及优化

粉丝进入直播间的方式可能是随手刷到，如何才能留住他们呢？如果本场直播的设置、策划、活动和吸引力都一般般，那么就无法留住粉丝；如果直播间的流量较少，系统也不会分配太多流量，后台大数据会认为本场直播间吸引粉丝的能力太弱，因此不会给很大的公域流量。

粉丝在直播间停留的时间较久，说明本场直播间的产品具有较强的吸粉力。本直播间的主播对网络用户的影响越大，直播间的流量以及人气越高，平台按照数据的推算方法和机制，就会推荐给你更多的流量，这样才能增加你直播间的访问量，从而增加粉丝量（图3.8-1）。

图 3.8-1　人气数据分析

（二）新增加关注量分析及优化

服装直播的关注人数是评估直播质量和吸引力的重要指标。例如，某位服装主播在直播时推出了一款精心设计的连衣裙，关注人数在直播过程中逐渐增加，特别是在主播进行试穿并展示连衣裙的时候，关注人数急速增长。这表明该连衣裙在观众中引起了极大的关注度，直播的效果很好。

为了提高直播的质量和吸引力，主播可以结合关注人数的变化情况，进行相应的调整和优化。例如，当关注人数增加缓慢时，主播可以增加直播内容的互动性，吸引更多的观众参与互动。此外，还可以根据观众的反馈，进一步改进直播的内容和形式，提高直播的质量和吸引力。

比如『小梦主播』在某个直播活动中直接涨粉5万，观看主播直播间的人数为20万，转粉率达到1.17%。另外，从这个账号的新增粉丝团数据来看，其直播间的吸引力相对较强（图3.8-2）。

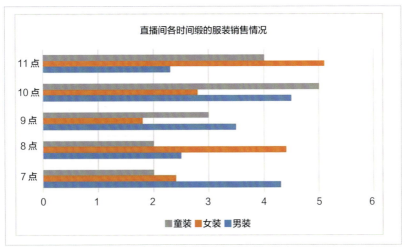

图 3.8-2　人气涨幅变化

（三）销量分析及优化

服装直播的销售额是评估直播效果的重要指标。例如，某位服装主播在直播时展示了一款热门的时尚单品，吸引了大量的观众关注和购买。在直播过程中，该单品的销售额随着关注人数的增加不断攀升，最终达到了一定的销售额。这表明该主播在直播中展示的单品具有较高的销售价值和市场需求，直播的销售效果很好。

为了进一步提高直播的销售额，主播可以通过多种方式进行优化和改进。例如，可以加强直播的演示和说明，使观众更加了解和认可商品的品质和特点；可以提供优惠的价格和促销活动，吸引更多观众购买商品；还可以通过直播后续的售后服务、用户体验等方面的改善，提高观众的忠诚度和复购率，增加销售额（图3.8-3）。

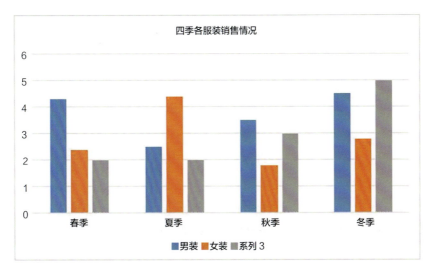

图 3.8-3　销售额分析

二、直播效果分析

（一）主播分析及优化

服装直播的直播效果分析是评估直播质量和提高用户体验的重要手段。直播效果可以从多个方面进行分析，主要包括以下几项：

① 关注人数和观看人数：关注人数和观看人数是评估直播效果的重要指标。例如，一场服装直播的关注人数和观看人数越多，就说明该直播受众范围广，吸引力强。

② 互动情况：互动情况是评估直播效果的重要指标之一。例如，通过用户留言、点赞、分享等方式，可以了解用户对直播的反应和意见，进而为直播内容和形式的优化提供依据。

③ 商品销售情况：商品销售情况是评估直播效果的重要指标之一。

例如，一场服装直播的商品销售量高，就说明该直播商品的受欢迎程度和销售价值高，直播效果好。举例说明，比如一位服装主播在直播中展示了一款热门的时尚单品，通过直播的方式进行展示和介绍。统计数据显示，该直播的关注人数和观看人数较高，同时用户的互动情况也比较活跃，用户对该单品的反应和评论比较积极。最终，该单品的销售量也较高，表明该直播效果良好，商品的销售效果也很好。这些数据可以为主播提供重要的参考和指导，帮助主播进一步优化直播内容和形式，提高直播的质量和用户体验。

主播优化可以从以下几个方向去改进：

① 找准目标消费群体，不能盲目吸粉。

② 要有精致的内容和互动，通过产品的内容营销，增加粉丝的黏性。

③ 充满趣味的营销，比如抢红包、发福利，让粉丝在游戏的欢乐中下单；广告不能太直白，创意的广告能激起粉丝购买的兴趣。

④ 取得粉丝的信任。

（二）PC 端及互动分析及优化

服装直播的 PC 端和互动分析是评估直播质量和提高用户体验的重要手段。例如，通过分析用户在 PC 端的观看和互动行为，可以了解用户的需求和兴趣偏好，进而提供更加针对性的内容和服务。同时，还可以通过分析用户的互动行为，了解用户的反馈和意见，为直播内容和形式的优化提供依据。为了进一步提高直播的质量和用户体验，主播可以结合 PC 端和互动分析的数据，进行相应的优化和改进。例如，可以根据用户的观看和互动行为，提供更加个性化和精准的推荐内容和服务；可以加强用户间的互动和沟通，增加用户的参与度和忠诚度；还可以通过用户反馈和意见，不断改进和优化直播的内容和形式，提高用户满意度和体验。

综上所述，PC 端和互动分析对于提高直播的质量和用户体验具有重要的作用。

服装直播的 PC 端数据分析可以从多个方面进行，主要包括以下几项：

① 浏览量分析：通过统计 PC 端的浏览量，了解直播的受众范围和受欢迎程度。例如，可以分析不同时间段、不同直播内容的浏览量变化情况，从而了解用户的观看习惯和偏好。

② 关注量分析：通过统计 PC 端的关注量，了解直播的吸引力和影响力。例如，可以分析不同主播的关注量变化趋势，了解用户对不同主播的青睐程度。

③ 互动量分析：通过统计 PC 端的互动量，了解直播的参与度和互动性。例如，可以分析不同直播内容的互动量变化趋势，了解用户对不同内容的反应和意见。

④ 转化率分析：通过统计 PC 端的转化率，了解直播的商业价值和效果。例如，可以分析不同商品的转化率，了解用户对不同商品的购买意愿和购买力。 比如一位服装主播在 PC 端做了一场关于时尚搭配的直播，统计数据显示该直播的浏览量较高，关注量也随着直播时间的延长而逐渐增加。同时，在直播过程中，用户的互动量也相对较高，用户通过弹幕和评论等方式进行互动，表达了对主播的关注和喜爱。最终，该直播的转化率也较高，商品的销售效果较好。这些数据可以为主播提供重要的参考和指导，帮助主播进一步优化直播内容和形式，提高直播的质量和用户体验。

本章节的任务实施、任务评价、知识题库内容扫描二维码在线阅读、练习

参考文献

[1] 抖音规则中心 https://aweme.snssdk.com/falcon/douyin/policy_center/hide_nav_bar=1

[2] 快手社区规则 – 直播管理规范 https://www.kuaishou.com/norm?tab=live

[3] 淘宝规则 (taobao.com)-https://rulechannel.taobao.com/spm=a21bo.jianhua.201876-1.1.5af911d9gSEAsx&type=detail&ruleId=11003132&cId=1145#/rule/detail?ruleId=11003132&cId=1145

[4] 新媒体商学院 . 短视频运营一本通：拍摄 + 后期 + 引流 + 变现【 M 】. 北京：化学工业出版社，2019.

[5] 秋叶 . 短视频实战一本通【 M 】. 北京：人民邮电出版社， 2020.

[6] 隗静秋、廖晓文、肖丽辉 . 短视频与直播运营策划制作营销变现【 M 】. 北京：人民邮电出版社，2020.

[7] 短视频营销全攻略【 M 】. 广州：广东经济出版社， 2019.

[8] 廖莎莎 . 探讨《幻想曲 2000 之蓝色狂想曲》中的转场设计，科技传播，2014-02-01

[9] 赵文颖 . 浅谈视频编辑的几种场面转换及其技巧【 J 】. 大众文艺， 2009-05-01

[10] 音效 _ 百度百科 https://baike.baidu.com/item/%E9%9F%B3%E6%95%88/4124866?fr=aladdin